现代企业人力资源管理
创新与实践研究

卢　义　欧湘庆　王守男◎著

中国商务出版社

北京

图书在版编目（CIP）数据

现代企业人力资源管理创新与实践研究／卢义，欧湘庆，王守男著．-- 北京：中国商务出版社，2024.7.
ISBN 978-7-5103-5272-0

Ⅰ. F272.92

中国国家版本馆 CIP 数据核字第 2024X1J572 号

现代企业人力资源管理创新与实践研究

卢 义 欧湘庆 王守男 著

出版发行：中国商务出版社有限公司

地 址：北京市东城区安定门外大街东后巷 28 号 邮 编：100710

网 址：http://www.cctpress.com

联系电话：010—64515150（发行部） 010—64212247（总编室）
010—64515164（事业部） 010—64248236（印制部）

责任编辑：云 天

排 版：北京盛世达儒文化传媒有限公司

印 刷：星空印易（北京）文化有限公司

开 本：710 毫米 ×1000 毫米 1/16

印 张：11.75 字 数：190 千字

版 次：2024 年 7 月第 1 版 印 次：2024 年 7 月第 1 次印刷

书 号：ISBN 978-7-5103-5272-0

定 价：79.00 元

前言

　　我国的经济正处于转型阶段，每个企业都在对自身运营管理模式不断进行着深化改革，人力资源在今后必将成为企业发展进程当中的重要资源之一。因此，就需要做好企业人力资源的开发工作，招聘大量素质高、能力强的优秀人才，提升企业员工整体素质对企业单位的发展有着重要作用。

　　现代企业人力资源管理理论庞杂，且在不断创新发展之中。但现代企业要发展，要进步，必须敢于面对挑战，克服困难，切实做好人力资源管理工作。针对现代企业人力资源管理的发展现状，以及现代企业的需要，特编写本书，首先，以人力资源管理的概念为切入点，论述了人力资源基本管理模式与企业人力资源管理发展趋势，对存在的问题进行了分析，并提出了对策；其次，对企业人力资源优化管理的目标与实施路径进行了探索，阐释了人力资源大数据的创新应用，详细论述了现代企业人力资源管理的信息化实践策略；最后，指出了现代企业人力资源管理创新的实践路径。本书语言简洁，内容丰富，以求充实相关研究，为现代企业人力资源管理工作的开展提供指导。

　　在编写本书的过程中，笔者得到了许多专家学者的帮助和指导，参考了大量的学术文献，在此表示真诚的感谢。本书内容系统全面，论述条理清晰、深入浅出，但由于笔者水平有限，书中难免有不足之处，希望广大读者提出宝贵意见。

作　者

2024 年 5 月

目 录

第一章

企业人力资源管理概述

第一节　人力资源与人力资源管理

一、人力资源基本知识

（一）人力资源的概念

1954 年，美国著名的管理学家彼得·德鲁克（Peter F. Drucker）在其著名的《管理的实践》一书中非常明确地引入了"人力资源"这个概念，并且指出"它和其他所有资源相比较而言，唯一的区别就是它是人。人是具有组织里任何其他资源都没有的'特殊能力'的资源"。

关于人力资源，国内外学者从不同角度给出了多种不同的定义，主要有三种：一是狭义论，认为人力资源是在一定时间、一定空间地域内的人口总体中所具有的劳动能力的总和；二是广义论，认为人力资源是在一定范围内能够作为生产要素投入社会经济活动中的全部劳动人口的总和；三是中间论，认为人力资源是能够推动整个经济和社会发展的劳动者的能力，即处在劳动年龄已直接投入经济建设和尚未投入经济建设的人口的能力总和。

所谓资源，是指有价值的、可用的东西或原始的物质，是财富的来源。人力资源的本质是人所具有的脑力和体力的总和，可以统称为劳动能力。这一能力要能为财富的创造做出贡献，成为财富的来源。从这个意义上说，人力资源的本质是能力。我们认为，人力资源是指能够推动整个经济和社会发展的、具有智力劳动和体力劳动能力的劳动者的总和。它应包括有劳动能力的人口的数量和质量两个方面。

1. 人力资源数量

人力资源的数量包括绝对数量和相对数量。绝对数量指的是一个国家或地区有劳动能力、从事社会劳动的人口总数。它是一个国家或地区劳动适龄人口减去丧失劳动能力的人口，加上非劳动适龄人口中具有劳动能力的人口。

人力资源的相对数量用人力资源率表示，是指人力资源的绝对数量占总人口的比例。一个国家或地区的人力资源率越高，表明可投入生产的劳动人口数量越多，由此产生的国民收入就越高。人力资源率从侧面反映了一个国家或地区的经济实力。

2. 人力资源质量

人力资源的质量是人力资源所具有的体质、智力、知识和技能的水平以及劳动者的劳动态度等，一般体现在劳动者的体质水平、文化水平、专业技术水平以及劳动的积极性等方面，往往用健康卫生指标、受教育状况、劳动者的技术等级状况和劳动态度指标等来衡量。

从人力资源的内部替代性的角度，可以看出其质量的重要性。一般来说，人力资源质量对数量的替代性较强，而人力资源数量对质量的替代性较差，甚至不能替代。人力资源的数量和质量是密切联系的两个方面，既要有数量，也要有质量；数量是基础，质量是关键。数量适中而且质量精良，是人力资源管理的理想目标。

（二）人力资源的基本特征

1. 能动性

能动性是人力资源区别于其他资源的重要特征，最本质的特征在于它是"有意识"的。与物质资源相比，人力资源有思想和情感，能够接受教育或主动学习并能够自主地选择职业。重要的是人力资源能够发挥主观能动性，有目的、有意识地利用其他资源进行生产，能够不断地创造新的工具、技术，推动社会和经济的发展，推动人类文明的进步。

2. 增值性

与自然资源相比，人力资源具有明显的增值性。一般来说，自然资源是不会增值的，它只会因为不断地消耗而逐渐"贬值"。人力资源则不同，前文提到，人力资源是劳动者的脑力和体力的总和。人的知识、经验和技能不会因为使用而消失，相反会因为不断地使用而更有价值；人的体力也不会因为使用而消失，只会因为使用而不断增强。也就是说，在一定范围内，人力资源是不断增值的，创造的价值也会越来越多。

3. 时效性

时效性是指人力资源的形成、开发和使用，都具有时间的限制，这是同人的生命年龄有直接关系的。从单个的人来说，有其生命的周期；而作为人力资源的人，能从事劳动的自然时间又被限定在生命周期的中间一段，能够从事劳动的不同时期，其劳动能力也有所不同。

4. 再生性

人力资源的再生性有两层含义：一是指人口的再生产和劳动力的再生产。通过人口总体内个体的不断替换更新，劳动力得到补偿后，再生产过程得以实现。二是指人力资源的知识和技能可以通过教育和培训不断丰富和提高，并在工作实践中得到锻炼和积累。

5. 双重性

双重性是指人力资源既是创造社会财富的生产者，又是社会财富的消费者。因此，人力资源具有生产性和消费性。生产性是指人力资源是物质财富的创造者，为组织的生存与发展提供了条件；消费性是指人力资源为了维持其本身的存在，必须消耗一定数量的自然资源。

6. 社会性

社会性是指人力资源处于特定的社会和时代中，不同的社会形态、不同的文化背景都会反映和影响人的价值观念、行为方式、思维方法。从本质上说，人力资源是一种社会资源。人力资源的社会性要求在开发过程中注意社会政治制度、国家政策、法律法规以及文化环境的影响，特别要注意开发措施的人群针对性。

（三）人力资源与其他资源的关系

从上述人力资源的概念来看，它是一个内容涵盖面很广的理论概括。它的提出开拓了社会学，特别是经济学对人和劳动力研究的全新领域。分析人口资源、人力资源和人才资源的关系有助于更准确地理解人力资源的实质、内容及其重要性。

1. 人口资源

人口资源是指一个国家或地区在一定时期内人口的总和，其主要表现为数量是人力资源和人才资源的基础和来源。只有拥有一定的人口资源，才能保证一定的人力资源和人才资源。

2. 人力资源

人力资源是指一个国家或地区一切为社会创造物质财富和精神、文化财富的，从事体力劳动和智力劳动的劳动者总和。

3. 人才资源

人才资源是指一个国家或地区具有较强的管理能力、研究能力、创造能力和专门技术能力的人的总和。它重点强调人的质量方面，强调人力资源中较杰出、较优秀的那一部分人。

人口资源、人力资源、人才资源三者在数量方面存在着一种包含关系：人口资源数量多少是人力资源形成的基础；人口资源中具备一定的脑力和体力的是人力资源；而人才资源又是人力资源的一部分，是人力资源中质量较高和数量较少的那部分。

二、人力资源管理概述

（一）人力资源管理的概念

人力资源管理作为企业的一种职能性管理活动被提出，最早出现在工业关系和社会学家怀特·巴克（E.Wight Balkke）于 1958 年出版的《人力资源功能》

一书中。该书首次将人力资源管理作为管理的普遍职能来加以讨论。美国著名的人力资源管理专家雷蒙德·A.诺伊（Raymond A. Noe）等提出：人力资源管理是指影响雇员的行为、态度以及绩效的各种政策、管理实践和制度。美国佛罗里达国际大学著名管理学教授加里·德斯勒（Gary Dessler）提出：人力资源管理是为了完成管理工作中涉及人或人事方面的任务所需要掌握的各种概念和技术。

我国著名学者赵曙明认为人力资源管理就是对人力这一特殊的资源进行有效开发、合理利用与科学管理。我国人力资源著名学者彭剑锋认为：人力资源管理是依据组织和个人发展的需要，对组织中的人力这种特殊资源进行有效开发、合理利用与科学管理的机制、制度、流程、技术和方法的总和。

综合以上各种观点，笔者认为，人力资源管理是为实现组织和个人的发展需要，通过各种政策、制度和管理实践，对人力资源进行合理配置、有效开发和科学管理，从而影响雇员的态度、行为和绩效的活动过程。

（二）人力资源管理的功能

人力资源管理的功能和职能本质上是不同的。人力资源管理的职能是它所要承担或履行的责任及相应的一系列活动，如人力资源规划、工作分析、员工招聘等；而人力资源管理的功能是指它自身所具备或应该具备的作用，这种作用并不是相对其他事物而言的，而是具有一定的独立性，反映了人力资源管理自身的属性，它的功能是通过职能来实现的。人力资源管理的功能主要有五个方面：获取、整合、维持、调控和开发。

1. 获取

它主要包括人力资源规划、招聘与录用。为了实现组织的战略目标，人力资源管理部门要根据组织结构确定工作说明书与员工素质要求，制订与组织目标相适应的人力资源需求与供给计划，并根据人力资源的供需计划开展招募、考核、选拔、录用与配置等工作。显然，只有首先获取了所需的人力资源，才能对之进行管理。

2. 整合

这是使员工之间和睦相处、协调共事、取得群体认同的过程，是员工与组织之间个人认知与组织理念、个人行为与组织规范的同化过程，是人际协调职能与组织同化职能。企业借助培训教育等手段实现员工组织社会化。整合的目的是培养员工与组织一致的价值取向和文化理念，并使其逐步成为组织人。其具体体现为新员工上岗引导、企业文化和价值观培训。

3. 维持

维持功能主要体现在建立并维持有效的工作关系。通过一系列薪酬管理、绩效管理和职业晋升通道管理等活动，为员工提供安全、健康、舒适的作业环境和良好的工作氛围，保持员工的稳定性和有效工作的积极性，使员工的能力得以充分发挥。

4. 调控

调控功能体现在企业对员工实施合理、公平的动态管理，对员工的基本素质、劳动态度和行为、技能水平、工作成果等进行全面考核与评价，作出相应的奖惩、升迁、离退或解雇等决策，并通过系列定编定岗、培训开发以及人事调整等办法和手段，使员工的技能水平和工作效率达到组织所期望的水平。

5. 开发

人力资源开发是指对组织内员工素质与技能的培养与提高以及使他们的潜能得以充分发挥，最大限度地实现其个人价值。它主要包括组织与个人开发计划的制订、组织与个人对培训和继续教育的投入、培训与继续教育的实施、员工职业生涯开发及员工的有效使用。

（三）人力资源管理的内容

在人力资源管理活动中，吸引员工、留住员工和激励员工是人力资源管理的三大目标，人力资源管理的所有工作都是围绕着这三大目标展开的。一般来说，人力资源管理工作主要包括以下几个方面。

1. 人力资源规划

人力资源规划是系统、全面地分析和确定组织人力资源需求的过程，以确保组织在需要时能够得到一定数量和质量的员工而满足组织现在及将来各个岗位的需要。在制订人力资源规划时，首先要评估组织的人力资源现状及其发展趋势，收集和分析人力资源供求信息和有关资料，预测人力资源供求的发展趋势，结合实际制订组织的人力资源使用、培训和发展规划。

2. 工作分析

工作分析也称职位分析或岗位分析，是全面了解一项具体工作或具体职务的管理活动。工作分析是对组织中各个工作和岗位的目的、任务或职责、权力、隶属关系、工作条件、任职资格等相关信息进行收集与分析，以便对该工作做出明确的规定，并确定完成该工作所需要的行为、条件、人员的过程。工作分析是其他人力资源管理活动的基础。

3. 招聘与甄选

招聘是指根据人力资源规划和工作分析的要求，为组织获取所需要的人力资源的过程。人员招聘包括招聘准备、招聘实施和招聘评估三个阶段。甄选是指组织辨别求职者是否具有帮助组织达成目标所必需的知识、技能、能力以及其他性格特征的一个过程。不同战略的组织所需要的员工类型、数量是不同的，组织能否招聘和甄选到满足工作需要的人才，直接关系到组织的生存与发展。

4. 培训与开发

培训是指组织为方便员工学习与工作有关的知识、技能以及行为而付出的有计划的努力。开发是指组织为了提高员工迎接挑战的能力而帮助他们获得相应的知识、技能以及行为。这些挑战可能来自现有的各项工作，也可能来自目前尚不存在但在未来可能出现的一些工作。为了提高组织的适应能力和竞争力，组织需要对员工进行培训与开发，使他们明确自己的任务、职责和目标，提高知识和技能水平，具备与实现组织目标相适应的素质和技术业务能力。

5. 绩效管理

绩效管理是指为实现组织发展战略目标，采用科学的方法，提高员工个人或组织的综合素质、态度行为和工作业绩的全面监测分析与考核评价，不断激励员工，改善组织行为，提高综合素质，充分调动员工的积极性、主动性和创造性，挖掘其潜力的活动过程。其中，绩效考核是绩效管理中的一个重要环节，成为绩效管理系统运行的重要支撑点。

6. 薪酬与福利

薪酬是指员工为组织提供劳动而得到的各种货币与实物报酬的总和，包括工资、奖金、津贴、提成工资等。它是组织吸引和留住人才，激励员工努力工作，发挥人力资源效能最有力的杠杆之一。福利是指组织向员工提供的除工资、奖金之外的各种保障计划、补贴、服务以及实物报酬。薪酬与福利管理就是要制定合理的工资福利制度，从员工的资历、职级、岗位及实际表现和工作成绩等方面考虑制定相应的、具有吸引力的工资报酬标准和制度，并安排养老金、医疗保险、工伤事故处理、节假日等福利项目。

7. 职业生涯管理

职业生涯管理是企业帮助员工制订个人发展计划，并及时监督和考察，使个人的发展与企业的发展相协调，满足个人成长的需要；同时，使员工有归属感，激发其工作积极性和创造性，进而提高组织效益，促进组织发展。

8. 劳动关系

劳动关系管理主要是建立与维护健康的劳动关系，建立企业管理层与员工之间互相信任、互相尊重的良好工作环境，让员工在安全、健康的环境中有效地工作，给企业带来长期的利益。人力资源管理涉及劳动关系的各个方面，如劳动时间、劳动报酬、劳动保护、劳动安全、劳动争议等。劳动关系是否健康和融洽，直接关系到人力资源管理活动能否有效开展。

（四）人力资源管理的目标

人力资源管理的最终目标是帮助组织更好地实现其目标。20 世纪 90 年代以来，随着战略人力资源管理的产生，人力资源及其管理的地位变得日益重要。衡量人力资源管理的贡献不仅在于其完成了多少职能性工作或者效率的高低，而且取决于其对战略目标的贡献。要实现这一目标，人力资源管理部门必须为员工创造良好的工作环境，减少员工流动，在此基础上最大限度地发挥员工的潜能，从而提高劳动生产率，并通过人力资源创造竞争优势。

对于人力资源管理的目标应当从最终目标和具体目标这两个层次来理解。

人力资源管理的最终目标就是要有助于实现企业的整体目标，人力资源管理只是企业管理的一个组成部分，它是从属于整个企业管理的，而对企业进行管理的目的就是要实现企业既定的目标，因此人力资源管理的目标也应当服从和服务于这一目的。需要指出的是，虽然不同的企业，其整体目标的内容有所不同，但最基本的目标都是一样的，那就是要创造价值以满足相关利益群体的需要。在最终目标下，人力资源管理还要达成一系列的具体目标，这些具体目标包含以下几个方面：一是要保证价值源泉中人力资源的数量和质量；二是要为价值创造营建良好的人力资源环境；三是要保证员工价值评价的准确有效；四是要实现员工价值分配的公平合理。

人力资源管理的具体目标与企业价值链的运作是密切相关的。价值链表明了价值在企业内部从产生到分配的全过程，是贯穿企业全部活动的一条主线。价值链中任何一个环节出现了问题，都将影响到整体价值的形成。人力资源管理的具体目标就是要从人力资源的角度出发为价值链中每个环节的有效实现提供有力的支持。

在整个价值链中，价值源泉是源头和基础。只有具备了相应的资源，价值创造才能进行。人力资源是价值创造不可或缺的资源。因此，为了保证价值创造的正常进行，企业必须拥有满足一定数量和质量要求的人力资源；否则，企业的价值创造就无法实现。这就是人力资源管理的第一个具体目标 —— 价值创造。这一目标需要借助人力资源规划和招聘录用等职能活动来实现。

在价值链中，价值创造是最关键的环节。只有通过这一环节，价值才能够被创造出来。而价值创造并不会自动发生，它需要以人力资源为中心来整合和运用其他资源，因此必须营建出良好的人力资源环境，以实现价值创造。这就是人力资源管理的第二个具体目标 —— 价值分配。这一目标需要借助职位分析和设计、员工调配、培训与开发、员工激励等职能活动来实现。

为了进行价值分配，就必须对价值创造主体在价值创造过程中所做的贡献做出准确的评价。这就是人力资源管理的第三个具体目标 —— 保证员工价值评价的准确有效。这一目标需要借助绩效管理等职能活动来实现。

价值分配，可以说是价值链运作的目的。只有通过价值分配，企业各相关利益群体的需要才能得到满足。从价值创造主体的角度来看，只有他们得到了公平合理的价值分配，价值创造才能继续发生。这就是人力资源管理的第四个具体目标——实现员工价值分配的公平合理。这一目标需要借助薪酬管理等职能活动来实现。

总的来说，人力资源管理的目标是：通过组建优秀的企业员工队伍，建立健全企业管理机制，形成良好的企业文化氛围，有效地开发和激励员工潜能，最终实现企业的管理目标。

（五）人力资源管理的职责分工与角色定位

1. 人力资源管理部门的职责分工

人力资源管理的目标是通过人力资源合理的配置、激励与开发实现劳动生产率的提高，进而促进组织目标的实现。现代人力资源管理已经上升到战略高度，在现代人力资源管理中越来越强调，人力资源管理不仅是人力资源管理部门的事情，更是各层、各类管理者的职责。

企业的高层决策者也开始更多地参与人力资源管理活动。高层决策者主要从战略的高度考虑人力资源管理活动，并对中高层经理进行管理。其职责包括人力资源战略的制定、中高层经理的选拔录用、企业人力资源规划的审核、企业文化的塑造与发展、部门关系的协调以及组织运行风格的确定等。

直线管理人员由于其直线权力而扮演着各项人力资源政策、制度的实施者角色，从而对人力资源管理有着重要的影响。因此，人力资源管理不仅是人力资源管理部门的责任，而且是每个直线管理人员的责任。直线经理承担参与人力资源管理理念与政策的确定、贯彻执行人力资源政策、依据部门业务发展提出部门用人计划、参与部门岗位设计与工作分析、参与本部门的人员招聘与人才选拔等工作。

现代人力资源管理已成为每一个管理者不可或缺的工作组成部分。无论是高层管理者还是基层管理者，无论是销售经理还是人力资源经理，甚至是普通的员工，都有必要参与人力资源管理活动，以保证人力资源目标的实现。因此，必须对人力资源管理者的参与进行明确的界定，并且对其职能进行合理定位。

2. 人力资源管理部门的角色定位

（1）战略伙伴。人力资源管理部门是企业的战略伙伴，是企业战略决策的参与者，提供基于战略的人力资源规划及系统解决方案，使人力资源和企业战略相结合。

（2）职能管理者角色。人力资源管理部门在战略规划、战略执行和战略评价中应该被赋予职能职权，运用人力资源管理的专业知识和技术工具，确定人力资源管理的方针、政策、制度，和直线部门协调配合进行人力资源规划、人员招聘、薪酬制定、绩效管理等各项活动，保障企业战略和直线部门的工作顺利实施。

（3）监督控制者的角色。根据组织的价值评价标准，评估部门绩效，监控各部门人力资源管理和开发状况，并提出改进意见。

（4）服务者角色。人力资源部门要以专业技能为其他部门提供支持服务。例如，人力资源管理工具的开发，为人力资源问题的解决提供咨询等。

（5）协调者的角色。人力资源管理者承担组织内部各部门之间、上下级之间、组织和外部环境之间的信息沟通工作。

（6）变革的推动者。有些时候，如在并购与重组、组织裁员、业务流程再造等变革活动中，人力资源管理部门往往要先行一步，成为变革的推动者，提高员工对变革的适应性，妥善处理组织变革过程中的人力资源管理实践问题，推动组织的变革。

三、人力资源管理理念的演进

（一）传统的人事管理阶段的特点

由于生产力发展相对落后，劳动力价格低廉，又缺乏系统的管理理论指导，在传统的经验理论与泰勒时代的管理时期，对人的管理主要集中于劳动消耗的控制。因此，在管理理念上体现出以下特点。

1. 因人定酬，随机增薪

（1）把工作年限、个人资格和经历作为确定和增加工资薪金的依据。企业首先考虑员工所担任的工作与其所应具有的资格相适应，从而确定基础工资和薪金，并按工作年限、资历和企业盈利状况增加工资报酬。传统人事管理者认为，员工工作年限越长、资历越久，知识经验就越丰富，对企业贡献也就越大，则其本事、地位和身份，就更应受重视。

（2）企业以员工工作态度及其与同雇主的关系作为提升职务的依据。员工职务的提升主要看为雇主卖力的程度及工龄的长短，论资排辈。这使人只安于现状，不多考虑改革和创新，从而影响工作的效率和竞争性组织目标的实现。

2. 少有规章，人治为主

（1）人事管理随意化。企业一切人事管理均以雇主好恶、亲疏为准。雇主及其幕僚、工头集制定规矩与执行章法于一身，"言出法随"，使规矩偏向于任意和僵化两个极端。

（2）把人等同于其他资源，"见物不见人"。对人的管理侧重于指挥和监督。

（3）不重视研究人、关心人的需要。人是活的，是有思想、有感情、有需求的，他们的思想、感情、需求也会随着主客观环境的改变而有所变化，再加上各人有性格、气质、能力方面的差异，因此，企业单纯以繁多、详尽、僵死的法规来处理和解决活的人事问题，是不可能真正取得理想效果的。

3. 纯粹的雇佣关系，缺乏长远眼光

（1）特别强调按劳务市场规则来处理人事问题，程序上未作规定的，而实际需要的事也不能办，这样就会严重影响工作实效。

（2）忽视人的培养和能力开发，"养成"方式仅局限于师徒之间的"传、帮、带"。

（3）注重消极防御，把人事管理工作的重心放在专门处理威胁工作顺利进行的"头痛问题"上，制定各种防范性的规定，缺乏启发人们产生积极行为的措施。

（4）重罚轻奖，致使职工怕受罚而不愿和不敢做没有充分把握的事，缺乏创造性，墨守成规。

（5）多限制、少激励。对职工的行为，多以法规加以严格的限制，缺少必要的激励措施，致使职工对工作都处于消极被动状态。

（二）科学管理的人事管理阶段的特点

19 世纪末 20 世纪初，由于社会生产力的发展，机械的广泛应用和动力的改进，使过去许多由人工操作的工作逐步改由机器操作，企业不仅生产速度大大加快，还可以昼夜连续运转，这就使人的劳动效率得到了极大提高。企业产品急剧增加，为了获取利润就必须把产品迅速销售出去，所以这又加剧了企业间的激烈竞争。为在销售竞争中取胜，企业则需设法降低产品销售价格；为降低售价企业需要先降低产品成本，而要降低成本又需先提高工作效率。科学管理就是在这种背景下产生的，并以提高工作效率为核心。科学管理的技术与方法，不但在工厂企业中推行，还被引入了机关、学校、医院等其他各类组织中。

1. 制定科学的组织原则

在组织内部，企业根据工作性质、产品种类、工作程序、人员对象和地区范围的相同性及相近性，来划分部门和业务工作单位；根据管理幅度原理和控制的有效性来划分组织的等级层次，形成相对稳定的、等级森严的金字塔式的组织结构。

2. 重视工作效率和人力配置问题

（1）实现工作的高度专业化。通过动作研究和时间研究，人事管理人员把工作分解为许多简单的专业化操作的动作和程序，每个工人所掌握的工作方法简单化，熟练程度大大提高，避免了不必要的人力、时间的浪费。最为典型的是流水生产线。

（2）建立工作考核标准。管理人员对所属的职工在工作上应达到的要求，用书面条款加以规定，并作为考核和衡量工作绩效的依据。

（3）设立工作评价标准。管理人员规定操作程序与定额方法，用以评定员工工作的难易程度及对组织贡献的大小，并根据评定的结果确定岗位工作应具备的条件及应支付的工资薪金。

3. 改进报酬制度

（1）计时工资制。按工作时间的长短给予工资和薪酬，并分为年薪制、月薪制、周薪制、日薪制。

（2）计件工资制。根据所完成的工作件数，支付工资。

（3）职务工资制。根据处理工作所需知识技能、工作繁简及难易程度，制定工资标准。

（4）奖励工资制。根据工作效率的高低和超额劳动的实绩分别支付具有等级差异的奖励性报酬。

4. 开始注重对职工的工作业务培训

通过实验，总结出一套科学的操作方法与程序，对职工进行培训，并普遍推广，改进管理者与职工的合作方式以提高工作效率。但是，科学管理并未把人力资源的地位提升到超越其他资源的层面，缺乏发掘其内在价值的动力。在今天看来，其作业导向式管理理念，在对待人的问题上存在明显的不足。

（三）现代人力资源管理阶段的特点

1. 人事管理的领域进一步扩大，由人事管理传统的狭隘内涵延伸到整个社会环境

以往的人事管理的研究多限于人事业务本身，所以其视野和思路是有限的、封闭的、与外界隔绝的，这导致处理人事问题治标不治本。现代系统论的观点认为，人事管理工作与社会环境有密切关系，要真正解决人事方面存在的问题，必须同时考虑与人事问题和企业目标相关的其他因素。过去的人力资源管理思想把人事工作看作静态的、孤立的，因此把人事制度看作固定不变的，以不变的制度来对付变化着的环境，其效果和负面影响是可想而知的。自系统理论和权变理论形成以来，特别是在人的价值观念不断更新的情况下，动态的人力资源管理思想渐趋成熟。这一思想明确了人事管理会影响到其他因素，而其他因素也会影响到人事管理。由于其他因素经常变化，处理人事工作的程序方法以及原则，也需要经常修正和调整。

2. 强调组织的开放性与适应性

重视同社会的交流和联系。现代系统理论认为，组织是社会系统的一部分，它与社会系统相互依赖、不断交流、密不可分。所以组织已从封闭走向开放。组织本身又自成一个具有整体性和目标性的系统，并由四个分系统所组成，即输入分系统（如从组织的外部环境——社会大系统中取得原材料和人力）、技术分系统（也叫转化分系统，即把原材料加工制成产品）、输出分系统（把加工成的产品输出给社会）、知识和信息分系统（包括处理工作的各种知识和信息）。同时，任何组织都更为重视环境因素。所谓环境，包括政治、经济、文化、人员、技术等，此种环境因素不但是经常变化的，而且对组织有很大影响，所以组织为求得生存和发展，就必须适应变化的环境而不断变革和发展自己的系统。现代管理强调组织的灵活性。所谓组织的灵活性，是指组织目标和组织结构要根据情况的变化而进行调整，组织内部的部门和等级的划分、集权和分权、人员的编制和定额等，都应随着目标的改变而不断修改和调整。这种组织的开放性、适应性和灵活性的观念，较之传统的人事管理，已有很大转变。

3. 人事管理人员的专业化程度不断提高

人事管理从原来的执行性职能拓展到决策咨询、系统规划、战略研究和科学评价等多元职能，人事管理人员绝不是"办事认真者都能胜任得了"的，因而要求管理人员素质不断提高，并向专业化方向发展。只有这样，人事管理人员才能胜任不断发展的现代人力资源管理的艰巨任务。

4. 人事管理的技术与方法的现代化

（1）从定性分析到定量分析。以往的人事管理，一般只进行定性分析，凭领导人和管理者的智慧经验做判断；忽视定量分析，致使所做的判断较为主观。在人员的选拔和人事的决策方面，定性分析和定量分析相结合，不仅可以避免管理人员的主观片面性，同时也为考核、检验决策的成效提供了客观、切实的标准。

（2）以系统模型来表示各变量之间的关系，以现代管理规范和准则管理人事档案资源。

（3）应用计算机和现代高新技术。计算机应用于人事管理有四个特点：第一，计算机能做快速与可靠的计算，只要数学模型是正确的，计算结果就一定正确；第二，计算机能将大量的数据资料存储在体积很小的磁盘中；第三，计算机能从存储的资料中，迅速检索所需资料；第四，计算机利用先进的软件可以迅速形成精确的方案以供决策，大大提高了管理效能。计算机应用于人事管理使人事管理工作从手段到理念都进入了一个崭新阶段。

第二节　人力资源管理理论基础与模式

一、人力资源管理的理论

人力资源管理的理论是人力资源管理的科学依据，它为人力资源管理的理论研究和实践活动提供了科学理论指导。现代人力资源管理主要受以下理论的影响。

（一）人力资本理论

人力资本是人们以某种代价获得并在劳动力市场上具有一种价格的能力或技能，是凝聚在劳动者身上的知识、技术、能力和健康，是对人力资源进行开发性投资所形成的可以带来财富增值的资本形式。

人力资本理论随着市场经济的发展不断发展，伴随知识经济和世界经济全球化的到来深化了人们对人力资源的认识。

人力资本理论凸显了人在物质生产中的决定性作用，发现了投资人力资本的价值，对人力资源管理发展为战略性人力资源管理和人力资本管理起到了重要的推动作用。

1. 人工成本观念向人力投资观念的转变

随着经济增长方式的转变，人力投资带来的收益超过了其他形态资本的投资收益。企业用于员工发展的费用不再是简单的成本性支出，而是实现增值的投资性支出。

2. 企业和员工之间新型关系的建立

人力资本是资本化了的劳动力，具有资本增值性，而且它天然地依附于"人"，属于个人产权范畴。随着人力资本重要性的凸显，员工以人力资本为生产要素更加平等地参与到企业生产活动中，企业与员工的关系也不再局限于雇佣关系，更是投资合作的伙伴关系。

3. 人力资源战略性开发的重要性愈加凸显

一方面，由于凝聚在劳动者身上的知识、技术、能力和健康作为一种资本形式，能为企业带来巨大的收益，企业必须通过开发性投资不断提升员工个人价值以实现企业效益的最大化；另一方面，由于人力资本的所有权和使用权具有高分离性，以及人力资本的生物性和能动性，企业效益实现与员工价值提升之间构成相辅相成的辩证关系。企业在对人力资源进行开发的过程中必须考虑员工个人价值和主观意愿，通过关注员工职业素质的可持续发展，达到员工和企业两方面价值共同最大化的目标。

4. 股票期权和员工持股等多种激励方式的出现

人力资本的生物性特征及其在社会财富创造中的决定性作用使人力资本持有者在利润分配中的权利得到认可，加之企业和员工之间的关系由雇佣关系向投资伙伴关系的转变，股票期权和员工持股等更为接近利益分配核心的激励方式成为可能。

（二）人性假设理论

人性假设是关于人的本质需求的相关假设，它是管理理论与实践中的重要内容，不同的人性观需要采取不同的管理方法和管理手段。美国行为科学家埃德加·沙因（Edgar H. Schein）在前人研究的基础上对人性假设进行了总结，将其分为以下四种。

1. 经济人假设

经济人假设理论认为人是"经济人"或"实利人""唯利人"，它假设人采取行为的动机是满足自己的私利，从本质上来看，就是为了获得最大化的经济利益，工作是为了获得物质上的报酬。经济人假设的核心理论主要包括以下几点。

（1）人的本性是不愿意工作的，只要有可能，人就会逃避工作。

（2）由于人的本性是不愿意工作，对于大部分人来说，需要对其进行强迫、控制、指挥，促使他们为了组织的目标去工作。

（3）一般人宁可被别人指挥，总想逃避应负的责任，很少有大的野心，更需要安全感。

（4）人不是理性的，本质上不能自律，容易受到他人的影响，并因此改变自己的行为。

（5）一般人工作都是想要满足自身的生理需要和安全需要，只有向其提供金钱和其他物质激励才会提高他们工作的积极性。

采用经济人假设来进行人力资源管理，就会形成严密控制和监督式的管理方式，并会采取"任务管理"的措施，管理更加重视劳动生产率的高低，而忽视了人的精神方面。

2. 社会人假设

社会人又称社交人，社会人假设是由梅奥（Mago）等人在霍桑实验的基础上提出的。社会人假设理论认为，人们在工作中受到的物质激励会提高其工作积极性，但也强调人是高级的社会动物，与周围其他人的关系也在很大程度上影响着其工作积极性。该假设的核心思想为，促使人们投入工作的最大动力是社会和心理需要，不是经济需要，人们工作的目的是保持良好的人际关系。社会人假设的核心理论主要包括以下几点。

（1）人们工作的主要动机是社交需求，而不是经济需要。社交需求是人类行为的基本激励因素，人际关系是形成人们身份感的基本因素。

（2）从工业革命中延续而来的机械化，使工作变得单调和无意义，因此必须从工作的社交关系里寻找工作的意义。

（3）与管理者所采用的奖酬和控制相比，员工更看重因工作而形成的非正式组织中的社交关系。

（4）员工对管理者的期望是归属需要、被人接受需要以及身份感需要能被满足。

霍桑实验让更多的管理学家认识到，工人生产积极性和工作效率的提高，不仅与物质因素有关，还与社会和心理因素有关。因此，管理理论的重心也由以前的"以人适应物"转向"以人为中心"，改变了过去层层控制式的管理模式，更加注重提高员工参与决策的积极性。

3. 自我实现人假设

自我实现人假设是根据美国心理学家马斯洛（Abraham H. Maslow）的自我实

现理论提出的，它假设人性是善的，只要充分发挥人性的优点，就可以把工作做好。这种假设认为，人都有自我激励与自我实现的要求，人工作的主要动机是自我实现。

自我实现人假设的核心理论主要包括以下几点。

（1）人的动机是由多种动机构成的一个层次系统，包括低级动机和高级动机，最终目的是满足自我实现的需要。

（2）人们想要在工作上有一定的成就，从而实现自治和独立，发展自己的能力和技术，以便适应环境。

（3）人们能进行自我激励和控制，外部的激励和控制会对人构成威胁，从而产生不良影响。

在自我实现人假设理论下，人力资源管理的主要内容是寻找什么工作对什么人最具有挑战性，最容易满足人们自我实现的需求。人有自动的、自治的工作特性，因此制定的管理制度应该保证员工充分发挥他们的才华、积极性和创造性，强调上层管理者应该下放部分权力，从而建立起决策参与制度、提案制度、劳资会议制度，将员工个人的需要与组织的目标结合起来。

4. 复杂人假设

复杂人假设是美国的沙因教授等人在 20 世纪 70 年代初提出的，他们认为，无论是经济人假设、社会人假设，还是自我实现人假设，都有其合理的一面，但都不适用于一切人。复杂人假设认为，人是复杂的，不能简单地归结为某种类型。一方面，个性因人而异，价值取向也是多种多样的，没有同样的追求；另一方面，同一个人会因环境、条件的不断变化而产生多种多样的需要，各种需要互相结合，形成了动机和行为的多样性。所以复杂人假设并不是指单纯的某一种人，而是指掺杂着善与恶的一种人性。复杂人假设的核心理论主要包括以下几点。

（1）人的工作动机不但复杂，而且变动性很大。每个人都有许多不同的需要，人的动机结构不仅因人而异，而且同一个人的动机也会因时而异。

（2）一个人在组织中可以产生新的需求和动机，他在组织中表现的动机模式是他原来的动机与组织经验交互的结果。

（3）人在不同的组织和团体中会产生不同的动机模式。在正式组织中不能与别人融洽相处的人，在非正式组织中可能会很好地融入进去，从而满足自身的社交需求。在某些复杂的组织中，不同的部门应该采取不同的动机模式来实现其目标。

（4）一个人是否有很大的满足感，是否愿意为组织尽力，与他本身的动机结构和他与组织的关系有关，工作性质、本人的工作能力和技术水平、动机的强弱、人际关系的好坏都可能产生影响。

（5）人们可以利用自己的动机、能力及工作性质对不同的管理方式产生不同的反应，因而并没有一种适合任何时代、任何人的管理方式。

复杂人假设理论的核心是从管理者的角度看待被管理者在工作中的表现，或者说员工在管理活动中表现的人性特征问题。

管理者以他们对人性的假设为依据，然后用不同的方式来组织、领导、控制、激励人。接受一种人性假设的管理人员会用一种方式来管理，而接受另一种人性假设的管理人员会趋向于用另一种方式来管理。例如，有的管理人员认为人不会自主地去努力工作，持这种观点的管理人员会采用严格的控制手段进行管理，以确保员工能够按时上班，并在其监管下工作。而有的管理人员认为人会自主地去努力工作，持这种观点的管理人员会更加重视在组织内贯彻民主与参与管理制度，鼓励职工自我约束，自我管理，而不是对他们实行严密的监控。

随着社会的发展，不同的组织和管理者的人性观、价值观的差异，导致所持的人性假设也会表现出一定的差异，但不可否认的是，每个管理者都会有自己的人性假设，并影响着单位的人力资源管理制度和实施效果。

（三）人力资源开发理论

人力资源开发是企业为了促进员工个人成长，提高个人整体素质，实现企业发展战略所组织员工参加的一系列学习活动。通常认为，人力资源开发是一门综合性的理论，它集合了学习理论、系统理论、绩效理论和经济学理论四种基础性理论。

作为人力资源开发研究先驱的美国，在第二次世界大战结束以后，就意识到对劳动力进行培训是提高知识和技能的重要途径。1970年，首次提出人力资源开发概念，之后，美国学者开始不断对人力资源开发领域进行研究。

最开始，学习理论关注的重点是个体的学习行为。为了满足组织发展的需要，伴随人力资源开发的不断深入，人们对该理论重要性的认识也不断加强，关注层面就不再局限于个人而是扩展到整个集体。设计和实施学习活动就需要从满足组织发展需要的角度出发，如此就产生了组织学习理论。建立学习型组织不但能适应变化，还能不断持续更新，创造开拓的组织。

20 世纪 80 年代以来，学习理论一直受系统理论的影响。该理论认为系统之间应该是相互依存、彼此影响的，各个部分应该为了系统的总体目标而群策群力。将系统理论应用于人力资源开发，就不能单纯将员工看成独立的个体，而应将其视为整个组织中的一部分，其活动的目的就是实现组织的战略目标。

为了实现组织的目标，人力资源开发理论也在不断地发展。20 世纪 80 年代后期，斯旺森（Richard A. Swanson）在《绩效分析与改进》一书中首次将绩效概念引入人力资源开发中，他认为人力资源开发是员工不断提升个人能力来提高组织绩效的过程。这一重大理论的出现，将原本以"学习"为中心的人力资源开发转变为以"绩效"为中心，认为人力资源开发必须为实现组织目标作出贡献，要围绕组织的绩效要求开展工作。

在人力资本理论中，人被看作一项重要资源，能为组织创造经济价值。而在有限的资源中，要将经济利益发挥到极致，就必须准确计算出该资源的投入以及产出。利用经济学原理可以有效论证投入的合理性，从而指导人力资源开发活动。这就是人力资源开发领域的经济学研究。

综上所述，人力资源开发是一门不断适应社会发展的学科。人力资源开发理论也是在各科理论的延伸发展中逐步建立并完善的。在实践中，人力资源管理若以扎实的基础理论作为员工培训工作的指导，可以大大提高企业的效率。

（四）人本管理理论

人本管理思想产生于 20 世纪 30 年代，而真正将其运用于企业管理，是在 20 世纪 70 年代。人本管理理论是一种新型管理理论与方法，它是一场现代企业管理理论、管理思想和管理理念的革命。

1. 人本管理的含义

人本管理是以人为本的管理。它把"人"作为管理活动的核心和企业最重要的资源，尊重个人价值，全面开发人力资源，通过企业文化建设，培育全体员工共同的价值观，运用各种激励手段，提高员工的能力和发挥员工的积极性和创造性，引导员工去实现企业预定的目标。

具体来说，人本管理主要包括：①树立依靠人的全新管理理念；②开发人是人本管理最主要的任务；③尊重人是企业最高的经营宗旨；④塑造人是企业成功的基础；⑤促进人的全面发展是人本管理的终极目标；⑥凝聚人是企业有效运营的重要保证。

2. 人本管理的层次、机制与构成要素

人本管理在企业生产经营实践中呈现多种形态，这些形态可以分为五个层次，即情感管理、民主管理、自主管理、人才管理和文化管理。人本管理的关键在于建立一个完善而有效的管理机制与环境，它包括动力机制、压力机制、约束机制、保障机制、选择机制和环境影响机制六部分。

3. 人本管理的内容

（1）树立以人为本的管理理念。重视人在企业中的地位与作用，把人作为管理的核心和企业最重要的资源来开展经营管理活动。人是管理中最基本的要素，因而对人的本质的基本看法决定了管理的基本指导思想。企业在实行管理活动中，必须树立以人为本的管理理念。一方面，重视人的因素在企业中的地位，确立其中心地位；另一方面，在人性假设的基础上，分析人的个性、态度和行为特征，认识人的本质或本性。人本管理及由此调动的人创造财富和盈利的主动性、积极性和创造性，是维系企业生存和发展的根本。人本管理劳动经济学原理与人力资源管理研究的核心是关心人本身、人与人的关系、人与工作的关系、人与环境的关系、人与组织的关系，达到"以人为本"的目的和境界。

（2）以激励为主要方式，满足人的需要。从人本管理的角度来看，激励的核心职能是调动员工的工作积极性。通过组织引导、激励，实现个人需要，是以人为本的企业管理本应担当的责任，是人本管理的基本要求和准则。激励的目的

是激发人们按照管理要求，按目标要求行事。

（五）激励理论

激励是通过一定的刺激满足被激励者的需要，从而达到增强其内在行为动力的过程。也就是通过一定的刺激使管理对象产生积极行为的过程。

1. 激励理论的主要内容

西方的激励理论主要包括内容型激励理论和过程型激励理论。

内容型激励理论集中研究什么样的因素能够激发人的动机和行为，也就是研究管理者应该使用什么因素来激励被管理者，以促使其产生积极的行为动机。内容型激励理论的典型代表有马斯洛的需要层次理论、阿德佛（C. P. Alderfer）的生存—关系—成长理论、麦克利兰（David C. McClelland）的成就需要理论、赫茨伯格（F. Herberg）的双因素理论。

过程型激励理论试图解释和描述动机和行为的产生、发展、持续及终止的全过程，它可以清楚地告诉人们为什么员工在完成工作目标时选择某种行为方式，而不是其他行为方式。典型的过程型激励理论包括亚当斯（J. S. Adams）的公平理论、布鲁姆（Voom）提出后经波特尔（Porter）和劳勒（Lawer）发展的期望理论。

2. 激励理论对人力资源管理的影响

人力资源管理十分重要的任务是充分调动管理对象的工作积极性，提高其能力素质，以便更好地完成工作任务。而对于用什么来调动工作积极性，如何调动管理对象的工作积极性，激励理论提供了非常丰富的内容。

激励理论可以很好地指导对管理对象的绩效管理，促进管理对象提高工作绩效；在薪酬管理中，更好地发挥薪酬的激励功能；在培训中，更好地激发培训对象学习动机，增进培训效果。可以说，激励理论为有效解决人力资源的行为动力问题提供了坚实的理论支撑。

20世纪末，世界经济环境发生了重大变革。这种变革不仅使组织处于一个更加激烈的竞争环境中，也使人力资源管理面临着巨大挑战。人力资源管理工作如何支持组织战略目标的实现，如何保证组织在快速变化的环境中不断发展并具有持续的竞争优势，成为组织人力资源管理面临的新问题。

二、人力资源管理职能

（一）人力资源管理职能概述

人力资源管理的功能主要体现在四个方面：吸纳、维持、开发、激励。其中吸纳功能是基础，激励功能是核心，开发功能是手段，维持功能是保障。四个功能是相互联系、辩证统一的。但需要指出的是尽管人力资源管理功能和职能在形式上有相似性，其本质上也是不同的。人力资源管理职能是指人力资源管理所要承担或履行的责任及相应的一系列活动，主要包括人力资源规划、职位分析、招聘录用、绩效管理、薪酬管理、培训开发、员工关系管理七个方面。人力资源管理各职能之间相互作用和影响，共同促进人力资源管理功能和目标的实现。

1. 职位分析和评价与人力资源管理职能的关系

在整个人力资源职能系统中，职位分析和职位评价起到了平台和基础的作用。首先，职位分析为人力资源规划、招聘录用、培训开发、薪酬管理等提供了信息支持。组织为了发展的需要还必须依据职位分类中的各种任职资格要求对新招聘的或已不能满足工作岗位、技术和环境要求的老员工进行技术培训和潜能开发。员工工资层级、福利待遇条件、奖惩有了职位说明书为依据更显得科学和公平。其次，职位评价对人力资源规划、培训开发、绩效管理、员工关系管理起到监督和调适作用。通过职位评价可以对部门和岗位的工作绩效做出直观判断，分析出组织工作绩效低的原因，找到提高组织工作效率的途径。

2. 人力资源规划与人力资源管理职能之间的关系

人力资源规划处于整个人力资源管理职能循环体系的起点，是实现其他人力资源管理职能的保障。人力资源规划是职位分析在人事管理中的具体体现。职位分析为组织确定了长期的发展战略和招聘录用的宏观方向，人力资源规划则为组织解决了战术上的难题。从规划的内容上看可以分为人力资源的总体规划和人力资源业务规划两种。

人力资源总体规划与职位分析联系较为直接，而人力资源业务规划对其他人力资源管理职能的发挥则有着重要的意义。

（1）人力资源供需预测的结果可为招聘和解聘提供数据支持。通过比较组织现有员工的数量和所需员工的数量，就可以确定出招聘或解聘需求，制订出合理的计划，保证组织的人员数量。

（2）在人力资源规划中，绩效考核和薪酬管理是进行人员需求和供给预测的一个重要基础，通过对员工工作业绩、态度、能力的评价，组织可以对员工的状态做出判断，决定是否对组织职位做出调整，并处理好由此带来的职位空缺、内部提升和内部供给等问题。

3. 招聘录用与人力资源管理职能之间的关系

招聘录用的实质是让社会潜在的合格人员对本组织的相关职位产生兴趣并前来应聘，将合适的人才录用到合适的岗位。它是组织与外部环境互动的有效形式之一。招聘录用是组织人力资源管理职能发挥最常见的和必不可少的手段。首先，招聘录用是人力资源规划的具体运用，它保证了组织人员补充计划的有效实施和新陈代谢正常进行。其次，严格把关招聘录用的过程可以提高人员与组织职位空缺之间的适应性，降低组织的培训开发成本，在此基础上组织的绩效也可以得到提高。再次，招聘录用实质上是人员与组织的双向选择过程，招聘录用要想吸引更多的人参与竞争就必须以诱人的薪酬设计和福利待遇为基础。最后，全面、高效的招聘录用有利于员工关系协调发展，避免组织成员之间出现钩心斗角、推诿的现象，提高员工对组织的承诺和信任。

4. 培训开发与人力资源管理职能之间的关系

培训开发是人力资源管理职能体系中的连接点，与其他各职能间具有承上启下的关系。

（1）培训开发是人力资源规划和招聘录用之后必不可少的工作，在培训的过程中，培训需求的确定也要以职位说明书对业务知识、工作能力和工作态度的要求为依据，培训开发的难度也决定于招聘录用的质量。三者共同为组织的绩效提供保障。

（2）培训开发与绩效管理有着最为直接和紧密的联系。培训开发的目的就在于提高人员对职位的适应性，从而提高组织的绩效以实现组织的既定目标。

（3）培训开发与薪酬管理有着密不可分的关系，员工薪酬的内容除了工资、福利等货币形式，还包括各种各样的非货币报酬形式，培训就是其中较为重要且常见的一种。

（4）从员工关系管理角度来看，培训开发为各部门员工提供了交流的平台。就部门内部来看，培训开发通过组织文化教育、发展需求教育等有利于形成共同的追求和价值观，提高组织承诺。

5. 绩效管理与人力资源管理职能之间的关系

绩效管理工作包括计划绩效、监控绩效、考核绩效和反馈绩效四个部分。通过绩效管理可以发现员工工作中存在的问题并加以改进。在整个人力资源管理职能体系中绩效管理居于核心的地位，其他职能或多或少都要与它发生联系。

在管理实践中，设置人力资源管理其他职能的目的实际上就是更好地实现组织的绩效，达成组织的愿景和目标。培训开发作为一种激励的手段和提高员工技能水平的方法对提高组织绩效的作用是不言而喻的，而且培训开发内容的确定也需要以绩效考核的结果为基础，只有通过绩效考核和反馈，才能确定什么人需要培训、培训哪些知识和技能。薪酬管理与绩效管理则有着更为直接的联系，绩效考核的结果直接决定了员工的绩效工资和奖金，这会促使员工自觉地提高效率。通过员工关系的管理，可在组织中建立一种融洽的氛围，增强团队或部门间的协作，进而有助于绩效的提升。此外，职位分析制定出的职位说明书为员工树立了明确的目标，指明了努力的方向。职位说明书还明确了职权和责任，这可为绩效考核和问责提供依据。

6. 薪酬管理与人力资源管理职能之间的关系

薪酬管理是人力资源管理职能中最外显的职能。薪酬水平反映了组织内部各职位及整体平均薪酬的高低和企业的外部竞争能力。薪酬的设定必须考虑到组织的经济实力和社会平均薪酬水平，具体的岗位还要具体分析，这就要以组织事先做的职位分析和人力资源规划为依据。公平合理的薪酬制度有利于保持组织内部团结协作，而在薪酬设计中适当地拉大岗位间的差距、对绩效突出的员工及时给予奖励则有利于在组织内形成良好的竞争氛围。培训开发本身就是薪酬的重要组成部分，而且对于越是追求上进的员工其激励的作用越明显，通过培训开发，员工被组织委以重任，也才有了提高薪酬的可能性。

7. 员工关系管理与人力资源管理职能之间的关系

员工关系管理职能是人力资源管理的基本职能，它需要人力资源管理其他职能的支持，同时，也对人力资源管理的其他职能产生影响。

首先，组织的员工关系可以通过培训开发和薪酬管理制度的完善而得到改进。其次，员工关系的改善可提高组织的凝聚力和员工对组织的承诺，组织的绩效也会相应地得到提高。再次，员工关系管理中对员工的职业生涯进行设计和管理有赖于职位说明书和组织的人力资源规划，这样才能保证个人目标和组织目标的一致性。最后，通过员工关系管理，发现组织甚至细化到具体岗位需要什么性格气质的人；什么渠道，哪个地域招聘的员工更有利于组织员工关系的良好发展；具体到组织不同的发展时期，组织需要引进"鲶鱼"型人才还是"把稳持重"型人才。这些对提高招聘录用的质量和降低其成本是非常重要的。

（二）当前人力资源管理存在的问题

在现阶段，企业在进行人力资源的管理过程中存在很多问题，不仅造成人力资源的流失，出现人才留不住的现象，还造成资源的浪费，很多优质人才受到岗位的限制，才能得不到发挥，造成人才资源的浪费。

1. 人力资源管理职能的水平过低

在企业现有人力资源的基础上，通过深入分析和挖掘人力资源管理的结构和目标，可以对企业人力资源的组成进行分析，并进行调整和规划，从而提升人力资源管理职能，通过资源优化配置，充分发挥每个人的特长，进而提高企业现有人力资源管理效率。但是，就目前来说，很多企业缺乏深入分析和挖掘人力资源结构和目标的能力，导致企业人力资源管理水平低下。而且，企业内部缺乏完善的培训机制和科学的奖励措施，对人力资源的管理并不重视，加上传统企业人力资源管理职能的制约，导致现有企业人力资源管理模式比较单一，水平较低。而且企业现有人力资源管理层综合素质较差，缺乏过硬的专业知识，无法采用新的管理手段对人力资源进行科学的管理，导致企业人力资源缺乏竞争力。

2. 缺少科学有效的规划方法

企业人力资源管理职能的转化关系到企业的进一步发展，对提升企业竞争实力影响重大。但是，在企业实际的管理过程中，人力资源管理职能转化缺乏科学合理的方案，没有根据企业的实际情况对企业未来人力资源的发展方向进行科学的预测，因而无法满足企业人力资源的需要。在人力资源的规划过程中，企业没有站在时代的角度综合考虑企业未来发展中对人才的需要，没有做好人才储备，因而，在企业需要某一类型人才时，可能因人才短缺而阻碍正常发展。

（三）提升人力资源管理职能的措施

1. 制定科学的管理策略

人才对于经济的发展至关重要，在竞争如此激烈的背景下，企业应该充分地认识到人才的重要性，并从中吸取经验教训，树立人才观念，不仅吸引人才，用好人才，更要留住人才。科学合理的人才资源管理策略能促进企业进一步发展，提升企业的社会地位和经济收益。牢固树立科学的用人观念，和"人力资源是第一资源"的理念，通过合理调整和配置人力资源，确立科学的用人机制，这样，才能为企业留住人才，提升企业人力资源管理职能，促进企业发展。

2. 加强人力资源规划

企业的用人观念不仅局限于把人才引进来，更要做到对人才的充分利用，通过进行科学的人力资源规划管理，改变现阶段存在的人才引不进、留不住的现状。还要根据企业的实际情况，预测企业未来发展可能需要的人才类型，提前做好规划，并采取相应措施，做好储备，保障企业在有需求时能及时获得所需要的人才类型，促进企业的连续生产。并且要杜绝盲目引进人员的现象，减少企业不必要的费用。

3. 优化人力资源结构

现阶段，很多企业的人力资源结构不合理，存在浪费现象，因此，要想提升人力资源管理职能，必须优化人力资源结构。首先，制定淘汰机制。为了更有效地发挥人力资源的价值，企业应该制定淘汰机制，解决企业内部冗员的问题，优胜劣汰，保持企业人力资源的优势。其次，加强对企业内部人员的培训，科技的发展日新月异，员工也应该与时俱进，用先进的知识武装自己，而企业要做的就是为员工提供继续学习的平台。最后，企业内部应该实行轮岗制，根据每个人的特长合理安排岗位，这样才能保证人尽其用，发挥出每个员工的价值，避免人才的浪费。

4. 完善考核机制和激励机制

提升企业的人才资源管理职能，还要注意完善考核机制和激励机制，通过科学的考核机制和激励机制，加强对人力资源的公平管理，只有公平合理的竞争才能激发人才的工作积极性和创造性。所以，企业要结合自身的实际情况按照适才适用的原则，制订合理的奖励方案，并通过合理配置，让他们有被重视的感觉，以增强企业的向心力。在制定激励政策时，应该"按业绩付酬"，并采用固定工资和浮动工资相结合的分配办法，同时兼顾公平。企业还可以采用股权分红的方法，这样，不仅可以使个人的利益与业绩相结合，还能激发人们的整体意识。企业管理者在制定激励政策时应该从满足人的精神需要出发，营造一个和谐的环境，这样才能激发人们的上进心和积极性。

第三节　企业人力资源管理发展趋势

一、人力资源管理的当前形势

21世纪，人力资源管理迎来了诸多机遇，同时，也面临着严峻的挑战。劳动力由过剩转向短缺，国家劳动法规的要求，为劳资关系和人力资源管理的转型带来了机遇。在人力资源管理的领导思考如何好好把握这千载难逢的机会时，外部环境也在不断地挑战、重构现在的局面，人力资源管理面临以下形势与挑战。

（一）科技革命与知识社会

美国未来学家托夫勒认为，随着社会的发展，知识的更新速度加快，世界上的知识以成倍的速度增加。在现代社会，每一个人都将面临：知识和技能的过时，大量的未知的知识，适应新知识和技术，知识和技术的不断更新，终身教育等。

（二）信息社会中劳动与职业的变化

科学技术的发展将人类带入了信息社会。传统的和狭隘的职业培训已不能适应当今社会，要想跟上时代，不被淘汰，只能拥有扎实的基础和强大的适应能力。

（三）人口增长和变化

目前，大多数国家都面临着人口增长的问题，而且随着老龄人口的增加，又出现了人口老龄化以及劳动力短缺的问题。这些都对人力资源的开发提出了新的要求，使人力资源开发与培训的任务变得十分艰巨。

（四）经济对人力资源开发的挑战

近年来，人们已经深刻认识到了教育、人力资源开发与经济的相互作用。经济状况会影响到人力资源开发的前景，这也成为人们的共识。

（五）互联网成为一种新的生活方式

互联网的广泛应用迅速缩短了客户、员工与公司之间的距离，这就使组织结构向扁平化、平台化方向发展，使管理向去行政化、去职能化、去中心化等方向发展，这都对组织和人力资源管理提出了新的挑战。

（六）顾客个性化的需求

顾客的个性化需求从根本上改变了工业化时代一味追求规模和效率的局面，使中国传统制造业产生了"集体焦虑"。目前，企业收到的订单批量正变得越来越小，客户的要求也不断提高，这就要求企业具备细分市场，向客户提供更优质的产品和服务以及快速响应的能力。企业在生产过程中以客户为中心，这实际上是要求每个部门都要以客户为中心，一方面，要减少业务部门的工作要求，免去繁杂的职能和流程，让员工能够更加自如、专注地开展业务，从而提升为客户创造的价值；另一方面，要在客户的导向下，急业务部门所急，想业务部门所想。

（七）新生代员工的价值观

新生代员工的生长环境与以往大不相同，他们在工作中更注重自我成就、工作、生活平衡，漠视权威，要求平等、参与、分享，以及自主、掌控、存在感。对新生代员工进行管理的过程中，应该从本质上调整管理工作的内容，由原来的计划、组织、领导、控制职能转变为教练、授权、协调、激励等。

针对人力资源开发面临的挑战与困难，提出以下对策与建议：积极构建学习型社会。随着工作的日益复杂，工作方式发生了改变，人们如果不能适应知识经济时代的要求，不断地更新和丰富自己的知识结构，就成为社会发展的负担，产生结构性问题。在这种形势下，构建学习型社会，推动终身学习已成为社会和经济发展的必然趋势和必然选择。增强学员的学习能力，是培养人全面发展的智慧宝库，学生具备了较强的自我教育能力，能自觉地丰富和完善自己。在知识经济年代，知识的更新速度加快，社会变化纷繁复杂，科技发展日新月异，社会发展不断对人才提出新的要求。应赋予持续教育、职业教育与普通学历证书同等地位，增强吸引力。针对我国目前就业人口的低学历、低技能问题，必须赋予持续教育与普通学历证书同等地位，课程可相互衔接，以便增强持续教育的吸引力。利用互联网思维来分析组织设计，检查其灵活性、弹性以及对客户的响应速度；利用个性化观念来分析职能流程，检查其是否能够约束资源，是否会增加成本；利用新生代员工的价值观来审视员工管理，检查其是否管理过度，能否让员工体验到工作的意义和乐趣。

二、人力资源管理系统对企业的作用

人力资源系统化管理在企业管理中的应用措施有很多，可以从人才培养制度、人才录用制度以及人才激励制度三方面入手，只要按照这三种方法来进行人力资源系统的管理，一段时间后，企业人才管理水平必然会有所上升，进而提高企业生产经营效益以及经济效益。

（一）人力资源系统化管理在企业管理中的重要性

人力资源管理本身就是企业管理的重要组成部分，而如果能够形成系统化的管理模式，对企业发展来说意义重大。

现代市场竞争越来越激烈，传统、单一的人力管理模式，已经不能适应现代企业的发展，甚至会阻碍企业的发展，特别是在我国加入世界贸易组织以来，各国企业纷纷涌入中国市场，这一阶段人才管理模式尤为重要。

具体包括两方面：一是人力资源管理的系统化能够促进企业管理水平的提升，企业管理工作极为复杂，其中每一个环节出现的问题都会造成企业管理质量的下降，作为企业管理中重要的一环，实现系统化的人力资源管理，可以有效地提高企业员工的工作效率。二是人力资源管理系统化能够减少企业人才的流失，导致企业人才流失的因素有很多，包括薪金、培训机制、工作环境以及发展前途等。针对这些因素，企业需要为员工提供更多的发展机会，而实现人力资源系统化管理，就能够掌握每位成员的基本信息，合理进行员工岗位的安排，从而有效减少人才流失。

（二）人力资源系统化管理在企业管理中的应用对策

人力资源管理是企业管理的重要组成部分，实际上，企业人力资源管理并不是一项简单的管理工作，其涵盖的内容非常多，不仅包括聘请员工或者选拔管理人才，还包括员工培训，除此之外，还需要针对员工的发展制定规划等，有些企业的员工资金也由人力资源部门来管理。人力资源管理越正规系统，越有利于发挥企业员工的潜力，激发员工工作的热情，另外，人力资源进行系统化管理，还有助于企业人才资源的合理配置，使企业各个部门有序运转，提高企业管理效率，进而促进企业发展。人力资源系统化管理要想在企业管理中获得良好的效果，可以参照以下方法。

1. 建立健全人才培养制度

企业经营项目，其对人才的素质以及技能要求也不同，所以企业在建立健全人才培养制度时，应该结合自身实际，培养目标与企业发展目标相一致。人才培养制度的制定不仅要科学、合理，还要体现出人性化。考虑到企业员工自身的发展需求。企业在建立健全人才培养制度时，可以从以下几个方面入手：

（1）从专业技能培养角度出发，让每一个员工都能够拥有高超的专业技能，在培训时，不仅要对理论知识进行培训，还要对实际操作能力进行培训，培训期间要抓住重点，尤其是一些重点难点技术，员工高超的专业技能是产品质量得以保障的关键，对企业长久的发展起着巨大的推动作用。

（2）考虑到企业发展的长远目标，无论是采用哪种人才培养形式，其最终的目的都是促进企业发展，增加企业经济效益，所以人才培养计划不能脱离企业发展目标，既要针对企业发展需求制定短期的人才培养目标，又需要根据企业未来发展方向，制定长远的人才培养目标，以使企业无论处于哪个阶段都有相应的人才做支撑。

（3）采取有效措施，激发企业员工的巨大潜力，在企业众多员工中，有些人才会出于某种原因被埋没，为了充分挖掘企业每一位员工的潜力，可以适当地举办竞赛或者其他活动，一方面，增强员工之间的感情，让每一位员工都有归属感；另一方面，能够发现各种人才，做到人尽其才，这样也能够有效避免核心员工的流失。

2. 建立健全人才录用制度

人才录用制度是否完善直接关系企业管理效率的高低，甚至影响企业人才潜能的发挥。企业人力资源管理人员在建立健全人才录用制度时，首先应该做好市场调查，全面把握市场需求信息，并且以此为依据，安排企业各种岗位，制定相应的人才录用制度。企业人才录用制度一定要规范合理，从企业人才招聘到录用每一个环节都要符合要求，不允许出现走后门的情况。如果企业需要普通岗位的人才，招聘时，可以适当简化程序，因为普通岗位对人才的要求不高，招聘程序没有必要过于复杂。简化招聘程序，还能够降低招聘费用。如果企业需要高端的人才，招聘程序要复杂一些，招聘人员也应重视起来，层层把关，确保招聘到既有浓厚的专业理论知识，还具备高超的专业技能的人才。灵活选择录用制度，选拔出真正优秀的人才。企业录用制度越正规，被录用者就会越重视这份工作，其工作热情也就越高，所以人力资源系统化管理的关键就是建立健全企业人才录用制度。

3. 建立健全企业人才激励制度

科学有效的人才激励制度，能够提高企业人才的工作热情，进而提高企业员工的工作效率。建立健全企业人才激励制度可以从以下几方面入手：

（1）合理分配生产要素，比如企业必备的资金、管理以及技术等要素，同时，需要考虑到员工的利益，各个生产要素与员工利益有效结合，使得员工全身心地投入工作中，不仅能够有效地提高工作质量，还能够提高工作效率。

（2）利用榜样模范作用，企业可以举办表彰大会，对那些工作业绩突出，一心一意工作的员工进行奖励，以此激励更多的员工努力工作。

（3）制定科学合理的人才管理机制，企业公正的管理，是获得民心的关键，人才管理包括很多方面，比如工资管理、考核评价等，尤其是考核评价必须客观公正，这样才能真正地调动企业员工的积极性，让员工信服企业所做出的决策。

三、企业人力资源管理的未来发展

随着商业环境进一步的发展，人力资源管理也在不断变革和创新。人力资源管理的新发展主要体现在以下几个方面。

（一）战术向战略发展

现代人力资源管理早就不仅仅是由企业的人力资源部门来负责了。可以这么说，现代企业的高层管理者也必须担负起企业人力资源管理的责任，关注各种政策。不少大型企业早已认识到，人力资源管理是针对组织中最重要的资源展开的，所管理的人与其他管理职能互动，在实现组织整体目标的过程中起着重要作用。所以人力资源管理者逐渐从作业性、行政性的事务中解放出来，转变为关系组织发展和管理者能力提升的战略角色。

现在很多企业都会把人力资源纳入人才战略研究，使人力资源管理在更高的层次上不断发展，更趋于强调战略问题，强调如何使人力资源管理为实现目标做更大的贡献。

（二）以人为本，"能本管理"

人力资源管理随着社会和时代的发展也在不断变化，出现了一些新的管理理论。而传统的管理理论已经难以满足现代化人力资源管理的需求。比较明显的一点就是对人的认识的变化，尤其是当今社会，人的因素越来越重要，在人力资源管理中，对人的因素也更为注重。现在提倡的"以人为本"，就是强调一切活动都要为人的发展服务，从人的需要出发。随着人的地位的提升，人所具有的知识、技能和实践创新能力，也在管理工作中受到重视，这也就是"能本管理"的内容。现代企业重视以人为本，"能本管理"，就是尊重人性和规律，充分发挥人的能力，实现企业的目标。

（三）注重创造性激发

企业在复杂的内外部环境中生存与发展，内外部环境的变化关系着企业的生死存亡。企业要想持续发展，必须不断创新变革，以适应不断变化的环境，满足不断更新的需求。可以说，创新是企业的生命线，关系着企业的生死存亡。现代企业都深刻地认识到了这一点，并将激发人力资源的创造性作为人力资源管理的重要工作。企业要通过人力资源管理，将企业的发展战略潜移默化地传递给员工，并采取各种措施，激发员工劳动的积极性以及创新性，从而充分发挥员工的潜能，为企业的持续发展提供人力资源。

（四）全面薪酬的发展

"80后""90后"成为职场主力，不少"00后"也冲入了职场，员工需求更加多样化，仅靠外在薪酬激励手段已不能吸引和留住员工。公司向员工提供的薪酬应包括"外在"薪酬和"内在"薪酬两方面，这两方面共同构成了"全面薪酬"。"外在"薪酬指的是公司向受聘者提供的可量化的货币性价值。例如，基本工资、奖金等短期激励薪酬，股票期权等长期激励薪酬，失业保险金、医疗保险等货币性的福利，以及公司的其他各种货币性的开支，如住房津贴、俱乐部成员卡，等等。"内在"薪酬指的是公司向受聘者提供的不能被量化的奖励性价值。例如，对工作的满意度，为完成工作而提供的各种工具、培训机会，舒适的工作环境以及公司对个人的表彰，等等。

"外在"薪酬与"内在"薪酬在人力资源管理中具有不同的功能，二者互相补充，缺一不可。在以往计划经济体制下，若仅强调精神方面的鼓励而忽视物质方面的报酬，会打击员工的工作积极性。改革开放以来，在市场经济体制下，若仅注重物质方面的报酬而忽视精神方面的鼓励，从长期发展的角度来看，是有问题的。内在激励和外在激励相结合，既重视物质也重视精神才是长久发展之道。

（五）人力资本特性突出

随着社会的发展，如今已进入了知识经济时代，知识、信息等成为企业非常重要的资源，这些都属于人力资本，而这些资源发挥作用需要依靠人力，因而更加突显人力资源的重要性。企业人力资源管理的目标，就是注重人的发展，为人创造适宜的工作环境，为员工提供接受培训的机会，不断提升人力资源的综合素质，以实现企业目标与个人价值的统一。因此，对于现代企业来说，人力资本的特性十分突出。

（六）外包趋势日益明显

为了保持对高速发展的外部环境的适应性，很多组织内部的结构和业务模式也在发生变化，为了使组织能够维持较为明快有效的系统和程序，很多企业开始将职位外包。目前比较常见的外包形式有两种：第一种是组织内部保留核心职位，而将一部分基础性工作向社会化的企业管理服务网络转移，比如社保公积金代理、客服等；第二种是指将一些开创性工作交给咨询公司，而不单独聘用一个团队来做，比如战略咨询、人力资源咨询等，这也被称为利用外脑来完成工作。他们通常具有企业本身不具备的知识和技能，但适用于短期行为，长期聘请这样一个团队也不划算。

人力资源外包的实质就是降低管理成本，寻求长久的竞争优势，以达到有效适应外部持续的能力。

（七）细化程度越来越高

随着中国人口红利的消失，公司的人力成本越来越高，很多公司开始考虑如何用较少的人工完成最大的工作量。这就表明原本粗放式的管理已经落伍了，对于为数不多的员工要做到精细化管控，让其在岗位上产生最大的效能。

所以人才和企业间仅仅靠一份劳动合同约束是远远不够的。签订劳动合同，一方面要依据劳动法规、市场法则确定员工与企业各自享有的权利，双方的义务和利益；另一方面要重视员工的心灵建设，共同建立起美好的可共同实现的未来，允许员工在自己的岗位上实现自我；同时，企业要关注员工对组织的心理期待与组织对员工的心理期待之间的"默契"值。共同的目标、相似的价值观以及心理上的相互感激，是比薪酬、合同都更加牢靠的纽带。

（八）全球化和信息化

随着科学技术与交通运输的飞速发展，全球化不断深入，企业之间的竞争已经超越国家的界限，成为国际竞争。这就意味着各种资源要在世界范围内进行配置，这为企业的管理，尤其是人力资源管理增加了难度，成为现代企业人力资源管理研究的重要课题。同时，信息化时代的到来，不仅为人力资源管理带来了便利，也带来了挑战，现代企业人力资源管理要抓住时代机遇，推动信息化技术的应用，提高人力资源管理效率，使企业在国际市场上立于不败之地。

第二章
企业人力资源的管理模式

第一节　招聘与配置

一、人力资源招聘概述

（一）人力资源招聘的概念

人力资源招聘是建立在两项工作基础上的：一是组织的人力资源规划；二是工作分析。人力资源规划确定了组织招聘职位的类型和数量，而工作分析使管理者了解什么样的人应该被招聘进来填补空缺。这两项工作使招聘过程更加科学。人力资源招聘，简称招聘，是"招募"与"聘用"的总称，是指在总体发展战略规划的指导下，根据人力资源规划和工作分析确定的人员数量与质量要求，制订相应的职位空缺计划，并通过信息发布和科学甄选，获得合格人员并填补职位空缺的过程。

（二）人力资源招聘的意义

1. 招聘是组织补充人力资源的基本途径

组织的人力资源状况不是一成不变的，组织内人力资源向社会的流动、组织内部的人事变动（如升迁、降职、退休、解雇、死亡、离职等）等多种因素，导致了组织人员的变动。同时，组织有自己的发展目标与规划，组织的成长过程也是人力资源拥有量的扩张过程。上述情况意味着组织的人力资源总是处于稀缺状态，需要经常补充。因此，通过市场获取所需人力资源成为组织的一项经常性任务，人力资源招聘也就成了组织补充人员的基本途径。

2. 招聘有助于创造组织的竞争优势

现在的市场竞争归根结底是人才的竞争。一个组织拥有什么样的人力资源，在一定意义上就决定了它在激烈的市场竞争中处于何种地位 —— 是立于不败之地，还是面临淘汰。而对人才的获取是通过人才招聘这一环节来实现的。因此，招聘工作能否有效地完成，对提高组织的竞争力、绩效及实现发展目标具有至关重要的影响。从这个角度说，人力资源招聘是组织创造竞争优势的基础环节。对于获取某些实现组织发展目标急需的紧缺人才来说，招聘更具有特殊的意义。

3. 招聘有助于组织形象的传播

研究结果显示，招聘活动的质量会影响应聘者对组织的看法。经验表明，人力资源招聘既是吸引、招募人才的过程，又是向外界宣传组织形象、扩大组织影响力和知名度的一个窗口。应聘者可以通过招聘来了解组织的组织结构、经营理念、管理特色、组织文化等。尽管人力资源招聘不以组织形象传播为目的，但招聘过程客观上具有这样的功能，这也是组织不可忽视的一个方面。

4. 招聘有助于组织文化的建设

招聘过程中信息传递的真实与否，直接影响着应聘者进入组织以后的流动性。有效的招聘既能使组织得到所需人员，也能为留住人才打下基础，有助于减少由于人员流动频繁而给组织带来的损失，并有助于营造组织内的良好气氛，如增强组织的凝聚力，提高士气，增强人员对组织的忠诚度等。

二、人力资源招聘过程管理

（一）制订招聘计划

1. 选择招聘渠道

确定招聘渠道是招聘计划的一项重要内容，它将影响其他内容的确定。

（1）好的招聘渠道应具备的特征。如何选择一个好的招聘渠道是困扰人事经理的问题之一。那么，什么样的招聘渠道才是好的呢？本书认为，一个好的招聘渠道应该具备三个特征。

①招聘渠道的选择能够达到招聘的要求。

②在招聘到合适人员的情况下，该招聘渠道所需费用较低。

③选择的招聘渠道符合现实情况，具有可操作性。

（2）招聘渠道的种类与特点。招聘渠道按照招聘人员的来源可分为内部招聘和外部招聘。内部招聘就是当公司出现空缺的职位时，主要通过提拔内部员工来填补；外部招聘则主要是吸收外部新鲜血液。外部招聘渠道很多，在我国劳动力市场上，常用的六种渠道是网络招聘、猎头公司、校园招聘、内部推荐、人事外包和新媒体渠道。在实际招聘过程中，人力资源工作者一般会采用多种渠道招聘员工。不同的招聘渠道各有优缺点，可根据公司的岗位特点选择使用。

2. 制订招聘计划

（1）招聘计划的内容。

一般来说，招聘计划包括九项内容。

①人员需求清单，包括招聘的职务名称、人数、任职资格要求等内容。

②招聘信息发布的时间和渠道。

③招聘小组人选，包括小组人员姓名、职务、各自的职责。

④应聘者的考核方案，包括考核的场所、大体时间、题目设计者姓名等。

⑤招聘的截止日期。

⑥新员工的上岗时间。

⑦招聘费用预算，包括资料费、广告费、人才交流会费用等。

⑧招聘工作时间表，应尽可能详细，以便于他人配合。

⑨招聘广告样稿。

（2）制订招聘计划的步骤和方法。

①招聘需求分析。

②招聘费用预算。

③招聘计划的制订。制订招聘计划，一方面能保证企业的招聘工作有的放

矢、有条不紊；另一方面也是应聘人员了解企业录用员工要求的重要渠道。招聘计划常用招聘计划表来呈现。

（二）人员甄选

1. 筛选求职简历及求职申请表

简历，是求职者对自身工作经历、教育背景、知识技能等的总结。它既是个人经历的写照，也是个人的自我宣传广告。通常情况下，用人单位在发布招聘信息后，会收到大量的求职简历。对于一些比较受欢迎的用人单位来说，每年收到的简历数以万计。招聘人员从大量简历中挑选出合适的应聘者进入下一轮测试，对于招聘来说非常重要。应聘者的简历往往经过巧妙修饰，招聘人员若善于运用筛选简历的技巧，将大大提高工作效率。

（1）优先考虑"硬性指标"。不同的岗位有不同的用人要求。有些岗位对硬性指标有非常严格的要求，有些岗位则对硬性指标的要求不是很严格。

（2）警惕"含糊"信息。求职者在撰写简历时常常会隐藏一些不利信息，夸大一些有利信息，而达到此目的常会用含糊字眼。

（3）分析"逻辑性"。招聘人员在审查简历时，要关注简历中信息的逻辑性，如简历中的描述是否符合逻辑、是否符合应聘者的身份、是否有前后矛盾的地方等。

（4）关注"匹配性"。求职者的个人基本情况与应聘岗位、企业的发展状况是否匹配，是招聘人员审查简历时必须考虑的问题。这里的"匹配"既包括求职者能力、个性与所应聘岗位的匹配，也包括其他方面的匹配。

2. 面试

（1）面试的分类。面试分为个人面试、集体面试、综合面试和渐进式面试。

①个人面试。个人面试又称单独面试，指主考官与应聘者单独谈话，是面试中最常见的一种形式。个人面试分为一对一的面试及与主试团的面试。一对一的面试适用于规模小的机构。主试团（多对一）的面试适用于较大机构。

②集体面试。集体面试主要用于考察应试者的人际沟通能力、洞察与把握

环境的能力、组织领导能力等。在集体面试中，通常要求应试者做小组讨论，相互协作解决某一问题；或者让应试者轮流担任领导主持会议、发表演说等。无领导小组讨论是最常见的一种集体面试法。集体面试常使用现场技能测验或考试，如速记、表演、推销等。

③综合面试。综合面试是以上两种方式的综合，由主考官通过多种方式综合考察应试者多方面的才能。综合面试常事先定题，自由交谈。

④渐进式面试。人太多时，初次面试可以了解应聘者的个人背景、谈吐与应对能力，然后视职位高低，进行二次面试以及三次、四次面试。一般来讲，渐进式面试分为五个阶段：简历筛选、笔试、初次面试、高级经理面试和最后的录取通知。

（2）面试的内容及主要问题。虽然从理论上讲，面试可以测评应试者几乎任何一种素质，但在招聘实践中，招聘单位一般并不以面试去测评应聘者所有的素质，而是有选择地去测评最易测评的内容。

（3）面试的流程。当人力资源部门对应聘人员资料进行梳理、分类，并交给各主管经理后，招聘流程就进入对应聘人员进行初步筛选的阶段。随后各主管经理或人力资源部确定面试人选，并由人力资源部通知面试人员。接下来就是面试的组织阶段，通过初次面试的人员，还要进行复试，最终挑选出企业所需要的人员。

3. 人员录用决策

（1）人员录用的原则。为实现用人之所长、学以致用、有效利用人力资源的目的，人员录用必须遵循以下四个原则。

①因事择人原则。因事择人就是以事业的需要、岗位的空缺为出发点，根据岗位对任职者的资格要求来选择人员。它要求组织根据工作的需要来招聘员工，严格按照人力资源的规划来吸纳员工，人员配置切莫出自部门领导或人力资源部门领导的个人需要，也不能借工作之便来达到某种个人目的。只有这样，才能实现事得其人、人适其事。

②任人唯贤原则。任人唯贤，强调用人要出于"公心"，以事业为重，而不是以自己的"小圈子"为重、以"宗派"为重，只有这样才能做到大贤大用、小贤小用、不贤不用。能否做到任人唯贤，是衡量管理人员是否称职的标准之一。在人员的安排使用过程中，管理人员要克服错误心态，避免用人失误。当然，任

人唯贤原则，还需要其他条件来配套，如要求部门领导明确每一个工作岗位的责任、义务和要求，学会鉴别人才，掌握基本的人才测试、选拔的方法，懂得什么样的岗位安排什么样的人。只有管理者对所任用的员工了如指掌，并能慧眼识才，才能使人尽其才。

③用人不疑原则。用人不疑原则要求管理者对员工要给予充分的信任与尊重。俗话说："用人不疑，疑人不用。"既然要用，就一定要明确授权，大胆使用，使其充分发挥才干。事实上，试用期员工与正式员工在使用上并无本质差异，关键是管理者能不能给他们充分的信任与权利，放手让他们在岗位上大胆发挥自己的才能。

④严宽相济原则。员工在试用期间，管理者必须为其制定工作标准与绩效目标，对其进行必要的考核，考核可从个人能力、工作成绩、行为模式及其改进等方面进行。管理者对试用期员工在生活上应当给予足够的关怀，为员工解决后顾之忧；在工作上要帮助员工不断进步，用情感吸引他们留在组织中；同时，从法律上保证员工享受应有的权利。这些对员工是否愿意尽心竭力、长期稳定地为组织工作是非常重要的。

（2）员工录用。经公司人力资源部确认录用的人员，通知其报到，提示需要携带的材料。新员工应先到人力资源部报到，按规定办理有关手续，签订劳动合同。同时，人力资源部应对新进人员进行入职教育，使其了解公司的规章制度、企业文化等。

第二节　培训与开发

一、培训与开发概述

（一）培训、开发与学习型组织建设

培训是指一个组织出于自身发展的需要，组织成员学习和掌握与工作有关的知识和技能，促使他们形成良好的工作态度或习惯而进行的有计划的培养和训

练活动。培训的基本目的在于让组织成员掌握培训计划所强调的知识、技能和行为，并且将这些知识、技能和行为应用到日常工作中。

与培训密切相关的一个概念是开发，也称员工开发或员工发展。开发是帮助员工为未来的工作做好准备，关注的是组织和员工的发展。而培训侧重的是事项，组织希望通过培训达成一种目的。两者内涵有交叉，同时各有侧重。

培训可分为很多种，比如新员工培训就是专门针对刚刚入职的员工进行的培训。再如，组织可以开展面向管理人员、专业技术人员以及操作人员的培训；其中面向管理人员的培训也称为管理技能开发，又可以细分为高层管理人员培训、中层管理人员培训、基层主管人员培训等。另外，根据受训员工在接受培训期间是否脱离工作岗位，培训可以分为在职培训和脱产培训。此外，根据培训的内容，可以分为知识培训、技能培训以及文化价值观培训。还有各种主题培训，比如多元化培训、冲突管理培训、商务谈判培训、时间管理培训、会计准则培训、劳动合同法培训等。培训所关注的内容大多是员工的基本技能，即员工完成本职工作所需要的技能。然而，随着知识经济时代的来临，越来越多的工作要求员工具备综合知识，要求员工能够运用知识来改进产品或向客户提供服务，能够更好地理解产品的开发系统或服务。在这种情况下，培训就成为创造智力资本的一种途径，通过培训不断提高员工的基本技能、高级技能，加深员工对客户或生产系统的理解，激发员工的创造性。正因为如此，近年来，培训所关注的重点正在从教会员工掌握某项具体的技能转向一种新的目标，即知识的创造和分享。这种视野更为开阔的培训被称为"高阶培训"。高阶培训是一种将培训与组织的战略性经营目标联系在一起的培训管理实践，通常能够得到组织高层管理人员的支持。高阶培训有助于营造持续学习的工作环境，有利于推动员工了解所处的整个工作系统，包括目前所从事的工作、所在部门内部的关系以及公司的各种内部关系。这种培训显然对组织最终发展成学习型组织有利。

学习型组织是指组织成员总是在努力学习新东西，并且将所学持续不断地运用于组织所提供的产品或服务质量的改善上的。学习型组织是一种在学习能力、适应能力以及变革能力等方面不断强化的组织。在这种组织中，每一次培训都是经过深思熟虑并且与组织目标紧密联系在一起的，培训被视为帮助组织创造智力资本而设计的整个系统中的重要组成部分。学习型组织强调学习不仅发生在员工个人层面，还发生在某一员工群体以及整个组织层面，这样，组织就能将学到的东西保留下来，即使组织成员（甚至部门）已经不复存在，他们的知识也仍然能够留在组织之中。

（二）培训对组织的作用

在现代市场环境中，培训活动对于企业赢得竞争优势和保持长期可持续发展有着至关重要的作用，这些作用主要表现在三个方面。

1. 培训有助于改善组织绩效，帮助组织赢得竞争优势

进入 21 世纪以来，知识经济迅猛发展，全球竞争愈演愈烈，企业所面临的经营环境日益复杂，各种新知识、新技术、新观点层出不穷，与客户、产品以及技术有关的信息量也越来越大。任何一个企业在未来维持竞争优势的一个重要条件是必须比竞争对手学习得更快，因为只有这样，才能快速掌握新的知识和技术，并将这些知识和技术运用到客户服务中，从而不断提高整个组织的劳动生产率，确保持续为客户提供质量优良的产品和服务。在这种情况下，对于实现与生产率、客户服务、创新等有关的组织目标来说，培训就具有战略意义。有效的培训一方面能够帮助员工迅速学习各种新技术和新方法，另一方面有助于加深员工对组织战略、经营目标以及工作标准的理解，帮助员工更新现有的知识、技能、观念和工作态度，提升员工的工作绩效，从而进一步改善组织绩效。在开展全球化经营的企业中，培训还有助于增强员工对外国竞争对手及其文化的了解，从而为组织在国外市场获取更大竞争优势。

2. 培训有助于塑造良好的组织文化

良好的组织文化对员工会产生强大的凝聚、规范、引导、激励作用，因而对于组织的发展来说至关重要。组织文化的建设一方面有赖于组织的制度，尤其是组织的人力资源管理体系，另一方面也需要借助培训活动不断向员工传递和强化组织的价值观和文化。还可以通过培训来宣传组织的伦理道德标准和对待利益相关者的基本准则，使员工更全面、更深刻地理解组织的使命和愿景，认同组织的文化和价值观，不断更新观念，自觉与组织的要求保持一致。培训对组织文化

建设的作用体现在很多方面。首先，对于新员工来说，培训是其尽快了解、认识并融入组织的一种重要方式。在新员工进入组织初期就让他们全面接纳和深入了解组织文化，对于他们在未来工作中的态度、行为以及绩效都至关重要。其次，培训可以确保员工掌握新技术，同时增强组织及员工个人适应新市场、新技术、新工作的能力，形成良好的应变能力。这也有助于组织形成有竞争优势的团队文化。组织对培训高度重视这一做法本身就向员工传递了这样一种信息，即组织重视创新、创造和学习，这是形成学习型组织的重要条件。

3. 培训是吸引、留住和激励员工的一种重要手段

进入 21 世纪以来，全球市场的人才争夺战日趋激烈，每一个组织都在想尽办法吸引和留住优秀人才，培训已经成为组织所提供的全面报酬体系中的一个重要组成部分。很多人已经意识到，培训对于自己在未来劳动力市场上的竞争至关重要，尤其是对于知识型员工来说，传统的吸引、保留和激励员工的手段已经远远不够，因为他们对自身能力的提升以及长期的职业生涯发展给予了更大的关注。在这种情况下，他们会根据是否为自己提供学习和提升的机会来选择到哪个组织工作，那些不提供培训机会的组织将无法吸引到高素质的员工。除了有利于吸引优秀人才，员工培训还有助于提高员工的职业安全感及工作满意度，使他们感受到组织对自己的重视和关心，从而增强对企业的认同感和归属感，更加投入地工作，创造更高的绩效。

认识到培训工作的重要价值和意义，中国企业越来越重视培训工作，资金和人力投入也逐年增加，不仅培训管理工作的专业化水平日益提高，很多企业甚至建立了自己的学习平台。

二、搭建培训体系

员工培训与开发是一项系统性工程，精心设计和有效的员工培训与开发系统十分重要。培训是企业进行人力资源开发的一种手段，是从组织目标出发，基于岗位分析、企业人力资源现状分析，以及人力资源规划的部署，辅之以绩效管理、薪酬奖励、个人职业发展等设计的一个旨在综合提升公司竞争力的体系。很多企业付出了人力物力，培训效果却不尽如人意，很重要的一个原因是企业尽管

重视培训，但缺乏总体的战略规划，培训管理的各个环节不规范，没有把培训与企业发展结合起来。也就是说，企业培训必须融入企业的经营管理活动，与经营目标保持一致，同时又自成体系，具有一定的规范性和系统性。企业培训的系统性主要体现在以下三个方面。

（一）培训必须以企业战略为导向

企业战略决定了企业核心竞争力的基本框架，从而明确了各个岗位的职能及其对任职者的能力素质要求。企业可以以此对人才素质现状进行诊断，预测对人力资源的需求，有针对性地进行人力资源的储备和开发。同时，企业必须了解当期工作的重点，对培训需求进行认真分析，对培训的内容、方法、师资、课程、经费、时间等有一个系统、科学的规划和安排，从而使培训方案既符合企业整体发展的需要，又满足目前的工作需要。成功的企业培训不能只看眼前的成本支出，还要重视长期的收益。企业培训必须与企业总体战略、经济目标、企业文化保持一致，要有计划、有步骤地进行，既要有长期战略，又要有近期目标，并制定切实可行的方针、制度，着力把人才培训当作长期的系统工作来抓，做到用培训去促进企业发展，用培训去引导企业发展。

（二）培训工作需要企业各方面的配合和支持

培训工作是企业整个经营管理活动的一部分，需要上至高层领导、下到普通员工的配合和支持，涉及各个部门。企业内部各部门都有自己的工作计划和工作任务，需要彼此配合和支持，培训部门的工作更是如此。培训计划的设计来自各部门对培训的需求，如果各部门无法提供准确的培训需求信息，培训计划就缺乏针对性。在需要脱产培训的情况下，如果完全按照培训部门的计划进行，可能会影响到某部门工作的进度；而如果完全按照某部门的意见参加培训，可能又与其他部门的工作相冲突。因此，实施培训事先要与各部门做好沟通和协调，既不影响各部门的日常工作，又能保证整个企业培训计划有序进行。在培训结束后，受训员工回到各自的工作岗位，需要管理者为受训员工提供适当的机会，并进行督促，这样才能使培训成果转化为实际的绩效。

因此，企业培训工作必须与企业经营管理的工作重点一致，与企业各个部门做好沟通和协调，做到系统规划、统筹安排、集中管理。当然，良好的员工培训体系能得到贯彻落实，还依赖于企业健全的培训政策和完备的制度，特别是需要企业高层领导者的倡导和支持，需要培训师的艰苦努力，需要员工积极的配合和长期的系统训练。

（三）培训管理活动本身自成体系

企业培训管理除了要与整个企业的经营管理相结合，还要充分考虑培训工作本身的特点和要求，以构建完整的培训管理体系。一般来说，企业培训体系包括六部分。

1. 企业培训组织机构和人员的设置

多数企业的培训管理工作由人力资源部门负责，但随着企业的不断发展和壮大，企业的组织架构变得越来越复杂，这就需要对培训组织机构和人员进行重新设计和调整。大型企业可以考虑设立由公司高层管理人员和相关部门负责人组成的培训管理委员会，主要负责制定与公司发展相适应的人力资源开发战略和相关的培训政策与制度；由独立的培训部或培训中心负责具体的培训工作，制订具体的培训计划，开展培训运营和管理。

2. 培训管理制度建设

企业的培训战略和培训政策为企业培训指明了方向，但还需要通过具体的培训管理制度与措施使培训战略和培训政策具体化。培训管理制度就是把培训政策分解并形成制度化的条款，使培训管理工作内容和工作流程更加稳定和规范，从而保证培训的质量。企业培训制度一般包括岗前培训制度、培训考评制度、培训服务制度、培训奖惩制度等基本内容。

3. 培训流程体系建设

一项完整的培训是由一系列工作组成的，包括培训需求的分析、培训计划的制订、培训方案的实施和培训效果的评估，四个部分互相制约和影响，构成培训工作的流程体系。

4. 培训课程体系的建立

培训内容是根据公司长期发展战略和当前的工作重点设计和开发的，这些培训内容可以按照不同的业务内容、不同的管理层次、不同的培训对象等标准分成许多类别，形成培训课程体系。只有完善的培训课程体系才能满足企业和员工个人多层次、全方位的培训需求。

5. 培训师资体系建设

培训师的水平直接关系到培训质量，培训师可以从企业外部聘用，也可以从内部培养。目前，企业内部培训师的培养越来越受到重视。培训师资体系建设包括培训师的选拔、聘用、培养、考核和评估等内容。

6. 培训设施与设备的管理

企业培训的开展需要借助一定的物资。对有关培训设施与设备进行管理和维护，也是培训工作的一项内容。

建立和完善有效的培训体系，是当前许多企业培训工作的核心任务，也是培训系统性的必然要求。中小企业的培训工作一般由人力资源管理部门负责；还有一些企业成立了培训管理部门，专门负责企业员工的培训；而发展较好的企业，甚至建立了自己的学习平台，为企业的战略发展提供人才支持。对大多数中小企业而言，要确保培训工作发挥作用，有专门负责培训的管理团队即可。在培训组织与实施的各个环节，培训管理团队合理分工，共同负责企业人才的培养工作。

三、培训计划制订与实施

培训计划直接关系培训与开发活动的成败，是确定培训内容和方法、评估培训效果的主要依据。

（一）培训计划工作概述

1. 培训计划的概念

培训计划是按照一定的逻辑顺序排列的记录，它是从组织的战略出发，在全面、客观地分析培训需求的基础上做出的对培训内容、培训时间、培训地点、培训者、培训对象、培训方式和培训费用等的预先系统设定。

2. 培训计划的类型

培训计划要着重考虑可操作性和效果。以时间跨度为标准，培训计划可以分为长期培训计划、中期培训计划和短期培训计划。

（1）长期培训计划。长期培训计划（3年以上）必须明确培训的方向性，考虑组织的长远目标、个人的长远目标、外部环境发展趋势、目标与现实的差距、人力资源开发策略、培训策略、培训资源配置、培训资源的需求、培训内容的整合、培训行动步骤、培训效益预测、培训效果预测等因素。

（2）中期培训计划。中期培训计划（1～3年）是长期培训计划的进一步细化，要明确培训中期需求、培训中期目标、培训策略、培训资源分配等因素。

（3）短期培训计划。从目前国内组织的培训实践来看，大多是短期培训计划（1年以下），更多的是某次或某项目的培训计划。

以上三种计划属于从属关系，从长期培训计划到短期培训计划其工作不断细化。

（二）培训计划的制订

1. 确立培训目的与目标

培训目标可以分为提高员工在企业中的角色意识、提高知识和技能水平、转变态度动机三类。培训目标可分为若干层次，从某一培训活动的总体目标到某个学科直至每堂课的具体目标，越往下越具体。

培训目标应当和组织长远目标相吻合，一次培训的目标不要太多，要从学习者的角度出发，明确说明课程结束后学员可以获得哪些知识、信息及能力。目标确立应符合 SMART 原则，即目标必须是具体的（Specific），可以衡量的（Measurable），可以达到的（Attainable），和其他目标具有相关性的（Relevant），具有明确的截止日期的（Time-based）。

2. 确定培训对象

一般来说，组织内有三类人员需要培训。

（1）可以改进目前工作的员工。培训可以使他们更加熟悉自己的工作，提升自己的技术。

（2）有能力而且组织要求他们掌握另一门技术的员工。培训的目的是将其安排到更重要更复杂的岗位上。

（3）有潜力的员工。经过培训让他们进入更高的岗位。培训对象确定后，最好能立即列出该对象的相关资料，如平均年资、教育背景、共同特质、曾参加过的培训等。

3. 确定培训内容与项目

培训内容应服务于培训目的与目标。培训的内容一定要科学，既要考虑系统性、适用性，也要考虑超前性，并根据不同的对象和不同的时间有所变化。

（1）确定培训内容与项目的依据。

①以工作岗位标准为依据。

②以生产／服务质量标准为依据。

③以组织的发展目标为依据。

（2）确定培训内容与项目的分析方法。

①任务分析法。

②缺陷分析法。

③技能分析法。

④目标分析法。

4. 确定培训方法

培训内容确定后，可以依据知识性课程、技能性课程、态度性课程等，选择相适应的培训方法。培训方法主要包括课堂讲授法、研讨法、角色扮演法、游戏法、案例法、敏感性训练法、视听法、程序指导法、头脑风暴法、模拟法等。

（三）编制培训计划书

1. 培训计划书的概念

培训计划书是关于培训计划制订情况的一份文字总结，具体包括培训项目名称、培训目的、培训进度、培训内容、培训步骤、意外控制、注意事项、策划人、日期等。

2. 培训计划书的作用

（1）培训计划书可对整个项目做一个清晰的交代，同时充分陈述项目的意义、作用和预期效果，一定程度上明确并简化了培训程序。

（2）信息与分析结果高度浓缩的培训计划书可为高层领导的决策提供依据。

（3）培训计划书可帮助管理者加深对培训项目各个环节的了解，做到统筹规划。

3. 培训计划书的编写技巧

（1）项目名称要尽可能详细。

（2）培训计划书上应写明培训计划者所属部门、职务、姓名。团队形式则应写明团队名称、负责人、成员姓名。

（3）培训计划的目的要写得简明扼要，突出核心要点。

（4）培训计划书的内容应在考虑受众的理解力和习惯的基础上详细说明，表现方式宜简单明了，可适当加入一些图表。

（5）培训计划书应详细阐述计划培训的预期效果，并解释原因。

（6）培训计划书应列明可能出现的问题，不应回避，并阐述计划者的看法。

（7）培训计划书是以实施为前提编制的，通常会有很多注意事项，在编写时应将它们列出来供决策者参考。

（四）培训实施

1. 明确培训学习的原则

（1）近期目标和长远战略相结合的原则。为了制订科学的、切实可行的培训计划，企业应对人才需求进行预测，并且充分考虑自身的生产经营特点、近期目标、长远规划，以及社会劳动力供求变化趋势等因素。企业要对培训的目标、方法、效益进行周密、细致的研究，并通过制订和执行培训计划，保持培训的制度化和连续性。企业还应建立培训效果的追踪检查方案，并根据生产经营的变化，对培训计划做出相应的调整。

（2）全员培训与重点提高相结合的原则。全员培训就是有计划、有步骤地对所有在职员工进行培训，这是提高全体员工素质的必经之路。为了提高培训投入的回报率，培训必须有重点，即注重对企业兴衰有着重大影响的管理和技术骨干，特别是中高层管理人员的培训；对有培养前途的梯队人员，也应有计划地进行培训与开发。

（3）知识技能培训与企业文化培训兼顾的原则。培训与开发的内容，除了文化知识、专业知识、专业技能，还应包括理想、信念、价值观、道德观等方面。而后者又要与企业目标、企业文化、企业制度、企业优良传统等结合起来，使员工在各方面都能够符合企业的要求。

（4）理论联系实际，学以致用的原则。员工培训应当有明确的针对性，一定要从本企业实际出发，从实际工作的需要出发，使培训与生产经营实际紧密结合，与职位特点紧密结合，与培训对象的年龄、知识结构、能力结构、思想状况紧密结合，通过培训，员工掌握必要的技能，最终为提高企业的效益服务。企业培训既不能片面强调学历教育，也不能片面追求立竿见影。

（5）培训效果的反馈与强化原则。培训效果的反馈与强化是不可缺少的重要环节。培训效果的反馈指的是在培训后对员工进行检验，以巩固员工学习的技能，及时纠正错误和偏差。反馈的信息越及时、准确，培训的效果就越好。强化则是指由于反馈而对接受培训人员进行的奖励或惩罚。其目的一方面是奖励接受培训并取得绩效的人员；另一方面是加强其他员工的相关意识，使培训效果得到进一步强化。

（6）培训活动的持久性原则。企业要充分认识到培训的持续作用。仅仅几次培训很难达到预期效果，也不符合人力资源发展规律，那种试图"一蹴而就"的做法是不可取的，时冷时热式的培训虽然可以在一定程度上取得效果，但长久来看会挫伤员工的积极性。

2. 合理选择培训的方法

员工培训的方法是指培训主体（通常是企业）为了实现培训目标而采取的作用于企业员工的各种方式、形式、手段和程序等的总和。它是实现企业员工培训目标的中介和桥梁，是整个员工培训系统的重要组成部分，是提高员工培训实效性的关键。企业对员工培训方法的综合把握和有效调试，对于提高员工培训的实效性有着重要意义。

（1）完善企业员工培训方法的途径。针对目前国内企业员工培训工作中存在的弊端和不足，企业在开展培训工作时，要根据企业培训的新目标、新内容，总结其他企业的培训经验，建立符合自身特色和时代特征并符合规律性、富有实效性的系统方法，具体可以从以下几个方面努力。

①注意运用渗透式培训方法。不断加强渗透式培训，是今后企业员工培训方法发展的一个趋势。企业应借鉴国内外大公司的有益做法并结合自身特点，探索具体渗透方法。首先，寓员工培训于企业文化建设之中。企业可通过宣传企业愿景、战略目标、企业价值观等，员工受到企业氛围熏陶，提高综合素质，摆正价值取向，选择正确的、和企业发展一致的职业生涯。其次，寓员工培训于开放模式之中。开放型的培训模式应该是"面向世界、面向社会、走出企业、多方参与、内外开放、齐抓共管"的。

②注意运用隐性培训的方法。我国企业的员工培训侧重于使用显性方法，即能让员工明显感知培训意图的方法。这种方法有利于对员工进行正面系统的理论培训，而且容易对培训过程进行监控和评估。但光靠显性方法是不够的，企业应结合自身实际，借鉴运用隐性培训方法，使员工在不知不觉中得到成长。

③注意运用灵活多样的培训方法。认识员工能力的层次性、差异性，实施灵活多样的培训。这就需要培训开展与时俱进，以更加多样的方法增强员工培训的针对性和实效性。当然，强调员工培训方法的多样性，并不等于否定员工培训内容的主导性，应用培训方法的多样性来丰富培训主导性的内容，使两者相互依存、相互促进、共同发展。

④注意科学化的培训方法。传统的企业培训从"本本"出发，沿袭常规不变的教条；如今的一些员工培训从目标设计到具体实施都经过了科学的评估和实验，是反复论证筛选的结果。科学化的培训方法表现在使用各种科技手段来辅助培训（如用计算机来处理分析有关资料）；也表现在培训观念更新和实践领域的通俗化上。

（2）员工培训的常用方法。随着企业员工培训理论的不断发展和深入，培训的方法也变得日趋多样和成熟。员工培训主要有授课法、研讨法、案例法、工作轮换法、户外拓展等。企业培训方式的选择对培训效果有直接影响，因此，对不同的培训对象和培训内容，应当选择不同的培训方法。

①授课法。授课法是最普遍采用的方法，是通过讲师的讲解和演示，向员工传授知识和技能的方法。授课法具有方便实施、效率高的特点。在实施授课法时，培训的内容要符合企业和员工的需求，并考虑员工的接受能力。讲师的选择也很关键，最好选择专业经验丰富的授课老师。

②研讨法。研讨法是员工培训的重要方法之一，是鼓励员工就所学知识进行提问、探讨的一种培训方式。通过员工之间的交流来解决工作中存在的问题，有助于员工巩固理解学习的知识，培养员工的综合分析和解决问题的能力。

③案例法。案例法源自国外大学，是研讨教学法的延伸。这种方法的优点是鼓励员工认真思考、主动参与，并发表个人见解和体会，可以培养员工的表达能力、合作精神。案例法的重点在于如何提高员工培训效果，难点在于教学案例的开发。

④工作轮换法。工作轮换法是将员工调到另一个工作岗位去工作，也叫"轮岗培训"。工作轮换法能帮助员工理解多种工作环境，扩展员工的工作经验，适于培训综合性管理人员。

⑤户外拓展。户外拓展主要是利用有组织的户外活动来培训团队协作能力。这种方法适用于培训与团队效率有关的技能，如自我意识、问题解决、冲突管理和风险承担等。户外拓展培训的方式一般是团体性的体育活动或游戏，如登山、野外行军、攀岩、走木桩、翻越障碍等。如果采取户外拓展，一定要有针对性，要通过活动来达到培训员工的目的，并注意人身安全。

第三节　绩效与薪酬

一、企业人力资源绩效管理

（一）绩效概述

在一个组织中，广义的绩效有两层含义：一是指整个组织的绩效；二是指个人的绩效。下面主要讨论个人的绩效。

1. 绩效的含义

对于绩效，人们有着不同的理解，最主要的观点有两种：一种是从工作结果的角度来理解"绩效"。伯纳迪恩（Bernadine）等人认为，"绩效应该定义为工作的结果，因为这些工作结果与组织的战略目标、顾客满意感及所投资金的关系最为密切"。凯恩（Kane）指出，绩效是"一个人留下的东西，这种东西与目的相对独立存在"。不难看出，这种观点认为"绩效是结果"，绩效的工作所达到的结果，是一个人的工作成绩的记录。另一种是从工作行为的角度出发来理解"绩效"。墨菲（Murphy）给绩效下的定义是，"绩效是与一个人在其中工作的组织或组织单元的目标有关的一组行为"。这些认为绩效不是工作成绩的观点其依据是：第一，许多工作结果并不一定是个体行为所致，可能会受到与工作无关的其他因素的影响；第二，员工没有平等地完成工作的机会，并且在工作中的表现不一定与工作任务有关；第三，过分关注结果往往会忽视重要的过程和人际因素，不适当地强调结果可能会在工作要求上误导员工。

应当说，这两种观点都有一定道理，但又都不很全面，因此我们主张应当从综合的角度来理解绩效的含义。所谓绩效，就是指员工在工作过程中所表现出来的与组织目标相关的并且能够被评价的工作结果与行为。应当把握以下几点。

（1）绩效是基于工作而产生的，与员工的工作过程相关，工作之外的行为和结果与绩效无关。

（2）绩效与组织的目标有关，对组织的目标有直接的影响，例如员工的心情就与绩效无关，因为它与组织的目标没有直接的关系。组织的目标最终都会体现在各个职位上，因此与组织目标有关就是与职位和职责有关。

（3）绩效应当是表现出来的工作行为和工作结果，没有表现出来的就不是绩效。这一点和招聘录用时的选拔评价是有区别的，选拔评价的重点是可能性，也就是说要评价员工是否能够做出绩效，而绩效考核的重点则是现实性，就是说要评价员工是否做出了业绩。

（4）绩效既包括工作行为也包括工作结果，它是两者的综合体，不能偏废。将绩效看作过程和结果的综合体，既强调了企业管理中的结果导向，也强调了过程控制的重要性。

2. 绩效的特点

（1）动态性。动态性是指员工的绩效并不是固定不变的，在主客观条件变化的情况下，绩效是会发生变化的。比如说，某个员工的绩效往往会随着时间的推移而不断地发生变化，原来较差的业绩有可能好转，或者原来较好的业绩也有可能变差。这种动态性就决定了绩效的时限性，绩效往往是针对某一特定的时期而言的。这实际上向我们解释了为什么绩效评价和绩效管理中存在一个绩效周期的问题。因此，在评估员工的绩效时，应以发展的眼光，切忌以主观僵化的眼光。

（2）多维性。多维性是指员工的绩效往往体现在多个方面，员工的工作结果和工作行为都与绩效有关，例如一名操作工人的绩效，除了生产产品的数量、质量，原材料的消耗、出勤情况、与同事的合作、纪律的遵守等都是绩效的表现。因此，对员工的绩效评估必须从多方面进行。一般来说，我们可以从工作业绩、工作能力和工作态度三个维度来评价员工的绩效。当然，不同的维度在整体绩效中的重要性是不同的。

（3）多因性。多因性是指员工的绩效是受多种因素共同影响的，这里既有员工个体的因素，如知识、能力、价值观等，也有企业环境的因素，如组织的制度、激励机制、工作的设备和场所等。

（二）绩效管理概述

1. 绩效管理的含义

绩效管理就是制定员工的绩效目标并收集与绩效有关的信息，定期对员工的绩效目标完成情况做出评价和反馈，以使员工的工作活动和工作产出与组织保持一致，进而保证组织目标完成的管理手段与过程。

在现实中，人们对于绩效管理存在一些片面甚至错误的看法，完整准确地理解绩效管理的含义，需要我们很好地把握绩效管理各方面的内容。

2. 绩效管理的内容

人们往往把绩效管理视同绩效考核，认为绩效管理就是绩效考核。其实，绩效考核只是绩效管理的一部分，代表不了绩效管理的全部。完整意义上的绩效管理是由绩效计划、绩效监控、绩效考核和绩效反馈四个部分组成的，如图2-1所示。

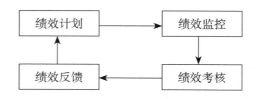

图2-1 绩效管理系统示意图

（1）绩效计划。绩效计划是整个绩效管理系统的起点，它是指在绩效周期开始时，由上级和员工一起就绩效考核期内的绩效目标、绩效过程和手段等进行讨论并达成一致。当然，绩效计划并不是只有在绩效周期开始时才会进行，它往往会随着绩效周期的推进而不断做出修改。

（2）绩效监控。绩效监控是指在整个绩效期间，通过上级和员工之间持续地沟通来预防或解决员工实现绩效时可能发生的各种问题。

（3）绩效考核。绩效考核是指确定一定的考核主体，借助一定的考核方法，对员工的工作绩效做出评价。

（4）绩效反馈。绩效反馈是指绩效周期结束时在上级和员工之间进行绩效考核面谈，由上级将考核结果告知员工，指出员工在工作中存在的不足，并和员工一起制订绩效改进的计划。绩效反馈的过程在很大程度上决定了组织绩效管理目的的实现程度。

3. 绩效管理的目的

绩效管理的目的主要体现在三个方面：战略、管理与开发。绩效管理能够把员工的努力与组织的战略目标联系在一起，通过提高员工的个人绩效来提高企业整体绩效，从而实现组织战略目标，此为绩效管理的战略目的。通过绩效管理，可以对员工的行为和绩效进行评估，以便给予相应的奖惩以激励员工，其评价的结果是企业进行薪酬管理、做出晋升决策以及是否保留或解雇员工的决定等重要人力资源管理决策的重要依据，此为绩效管理的管理目的。在实施绩效管理的过程中，可以发现员工存在的不足，在此基础上有针对性地进行改进，从而不断提高员工的素质，达到提高绩效的目的，此为绩效管理的开发目的。

4. 绩效管理的作用

关于绩效管理的作用，大多数人理解就是进行奖金分配，不可否认，这是绩效管理的一个方面，但这绝不是唯一。绩效管理是整个人力资源管理系统的核心，绩效考核的结果可以在人力资源管理的其他职能中得到运用；不仅如此，绩效管理还是企业管理的一个重要工具。关于这个问题，我们会在后面进行详细的阐述。

5. 绩效管理的责任

绩效管理虽然是人力资源管理的一项职能，但这绝不意味着绩效管理就完全是人力资源部门的责任。绩效管理的目的是发现员工工作过程中存在的问题和不足，从而采取相应的措施进行处理，而最了解员工的正是其所在部门的管理者，因此绩效管理是企业所有管理者的责任，只是大家的分工不同而已。在某种程度上甚至可以说，绩效管理工作水平反映了企业整体管理水平。

6. 绩效管理的实施

为了达成绩效管理的目的，绩效管理的实施应当贯穿管理者的整个管理过程，在某种意义上，管理工作其实就是一个绩效管理的过程。绩效管理绝不是在绩效周期结束时对员工的绩效做出评价那么简单，而是要体现在管理者的日常工作中，是一项经常性的工作，在绩效周期结束时对员工的绩效做出评价只是对这一过程的总结。

（三）绩效管理的意义

作为人力资源管理的一项核心职能，绩效管理具有非常重要的意义，这主要表现在以下几个方面。

1. 绩效管理有助于提高员工的满意度

提高员工的满意度对于企业来说具有重要的意义，按照马斯洛的需求层次理论，在基本的生活得到保障以后，每个员工都会内在地具有尊重和自我实现需要，绩效管理则从两个方面满足了这种需要：首先，通过有效的绩效管理，员工的工作绩效能够不断地得到改善，这可以提高他们的成就感，从而满足自我实现需要；其次，通过完善的绩效管理，员工不仅可以参与管理，还可以得到绩效的反馈信息，这能够使他们感到自己在企业中受到了重视，从而满足尊重需要。

2. 绩效管理有助于提升企业的绩效

企业绩效是以员工个人绩效为基础而形成的，有效的绩效管理系统可以改善员工的工作绩效，进而提高企业的整体绩效。目前在西方发达国家，很多企业纷纷强化员工绩效管理，把它作为增强公司竞争力的重要途径。

3. 绩效管理有助于实现人力资源管理的其他决策的科学合理

绩效管理可以为人力资源管理的其他职能活动提供准确可靠的信息，从而提高决策的科学化和合理化程度。

（四）绩效管理与人力资源管理其他职能的关系

绩效管理在企业的人力资源管理系统中占据着核心位置，发挥着重要的作用，并与人力资源管理的其他职能活动有着密切的关系。

1. 与人力资源规划的关系

绩效管理对人力资源规划的影响主要表现在对人力资源质量的预测方面，借助绩效管理系统，能够对员工目前的知识和技能水平做出准确的评价，这可以为人力资源供给质量的预测和人力资源需求质量的预测提供有效的信息。

2. 与职位分析的关系

职位分析是绩效管理的基础。在绩效管理中，对员工进行绩效考核的主要依据就是事先设定的绩效目标，而绩效目标的内容大都来自通过职位分析所形成的职位说明书。借助职位说明书来设定员工的绩效目标，可以使绩效管理工作更有针对性。

3. 与薪酬管理的关系

绩效管理与薪酬管理的关系是最为直接的，按照赫茨伯格（Frederick Herzbery）的双因素理论，如果将员工的薪酬与他们的绩效挂钩，使薪酬成为工作绩效的一种反映，就可以将薪酬从保障因素转变为激励因素，从而使薪酬发挥更大的激励作用。此外，按照公平理论，支付给员工的薪酬应当具有公平性，这样才可以更好地调动他们的积极性，为此就要对员工的绩效做出准确的评价，一方面，使他们的付出能够得到相应的回报，实现薪酬的自我公平；另一方面，也使绩效不同的员工得到不同的报酬，实现薪酬的内部公平。

4. 与招聘录用的关系

绩效管理与招聘录用的关系是双向的。首先，通过对员工的绩效进行评价，能够对不同的招聘渠道的质量做出比较，从而实现对招聘渠道的优化。此外，对员工绩效的评价也是检测甄选录用系统效度的一个有效手段。其次，招聘录用也会对绩效管理产生影响，如果招聘录用的人员素质比较高，则实际工作中绩效也会比较高，就可以大大减轻绩效管理的负担。

5. 与人员调配的关系

企业进行人员调配的目的是实现员工与职位的最佳匹配，通过对员工进行绩效考核，一方面可以发现员工是否适合现有的职位；另一方面也可以发现员工适宜哪些职位。

6. 与培训开发的关系

绩效管理与培训开发也是相互影响的，通过对员工的绩效做出评价，可以发现培训的"压力点"，对"压力点"做出分析就可以确定培训需求；同时，培训开发也是提高员工绩效的一个重要手段，有助于实现绩效管理的目标。

对员工进行绩效考核，还可以减少解雇辞退时不必要的纠纷。在西方发达国家，解雇员工必须给出充分的理由，否则可能会引起法律纠纷，而绩效管理就是一种有效的手段，如果连续几年某员工的绩效考核都不合格，就证明该员工无法胜任这一职位，企业就有足够的理由解雇他。随着全球一体化进程的加快和员工法律意识的增强，这个问题应当引起国内企业的重视。

二、企业的薪酬管理

（一）薪酬的内涵阐释

薪酬是指企业因员工付出劳动而支付给员工的各种形式的补偿，是员工的劳动报酬。

1. 薪酬的类型划分

（1）直接经济性薪酬。直接经济性薪酬是单位按照一定的标准以货币形式向员工支付的薪酬，包括基本工资、奖金（如绩效工资、佣金、团队奖励、利润分成）、激励工资、津贴等。

工资是指根据劳动者所提供的劳动的数量和质量，按事先规定的标准付给劳动者的报酬。其计量形式有计时工资和计件工资，计时工资是指根据员工的劳动时间来计量工资的数额，分为小时工资制、日工资制、周工资制和月工资制四种。计件工资是按照员工实际劳动成果的数量计发的工资，即预先规定好计件单价，根据员工生产的合格产品的数量或完成一定工作量来计量工资的数额。

奖金是对职工超额劳动的报酬，也就是常说的绩效工资，包括佣金、团队奖励、利润分成等。

激励工资主要体现为短期工资和长期股权；津贴与补贴主要对职工在特殊劳动条件、工作环境下额外的劳动消耗和生活费用的补偿。

一般意义上把与工作相联系的补偿称为津贴，津贴又分为生活性津贴、劳动性津贴和地域性津贴三种。把与生活相联系的补偿称为补贴。这里需要注意的是，工资、奖金以及津贴三者之间并没有固定的比例。

（2）间接经济性薪酬。间接经济性薪酬虽不直接以货币形式发放给员工，但可以给员工带来生活上的便利，减少员工额外开支或免除员工后顾之忧，主要体现为给予员工的各种福利政策，例如，养老保险、医疗保险、失业保险、工伤及遗嘱保险、住房公积金、餐饮等。

福利是对员工劳动的间接回报，目前被普遍采用的除了上面所说的，还有带薪假日、医疗、安全保护、保险、补贴、各种文化娱乐设施等。

非经济性薪酬主要指无法用货币等手段来衡量，但会给员工带来心理愉悦的一些因素。其他货币性薪酬包括有薪假期、休假日、病事假等。

薪酬的本质就是一种交换或者说交易。在这个交易中，工人获得其生活所需的各种货币和非货币资源，企业或组织获得能够保证其正常运作的各种人力和物力，因此，要遵循等价交换的原则。

2. 薪酬的水平策略

薪酬水平是指企业支付给不同职位员工的平均薪酬，是企业内部各类职位和人员薪酬状况的直接表现。其可通过将企业薪酬水平与当地薪酬水平和竞争对手薪酬绝对值相对比，分析组织之间的薪酬关系及本组织的整体薪酬支付实力，从而反映企业薪酬的外部竞争性。

薪酬水平可分为几类。首先，按照层次的不同，可以将薪酬水平划分为国家平均薪酬水平、地区平均薪酬水平、部门平均薪酬水平或企业任职人员平均薪酬水平。其中，企业任职人员平均薪酬水平主要指企业内所有员工薪酬的平均水平，包括时点的平均水平或时期的平均水平。其次，可以将薪酬水平分为内部薪酬水平和外部薪酬水平两类。最后，按照对象的不同，可以将薪酬水平分为整体薪酬水平和某一特定职业群体的薪酬水平。

薪酬水平不仅会对企业获取人力资源的能力产生影响，关系到企业对员工的吸引力，还会影响企业的整体竞争力。一般来说，测定企业薪酬水平的方法主要有两种：第一种是测量企业薪酬水平在相关劳动力市场中的位置，这是一种相对量的指标；第二种是测量企业支付给不同职位的平均薪酬，这是一种绝对量的指标。

从一般意义上讲，对企业薪酬水平策略类型的划分依据主要是企业的战略目标，同时结合企业战略和人力资源市场状况。按照这种思路，可以将薪酬水平策略划分为领先型薪酬策略、滞后型薪酬策略、权变型薪酬策略和综合型薪酬策略等。

（1）领先型薪酬策略主要以高薪为代价，即采取高于竞争对手或市场的薪酬水平的策略。这种薪酬策略，在吸引和留住员工方面都具有明显优势，还能将员工对薪酬的不满降到相当低的程度。

（2）滞后型薪酬策略是本组织的薪酬水平低于竞争对手或市场薪酬水平。这是由企业利润率比较低，成本承受能力弱，没有能力为员工提供高水平的薪酬造成的。

（3）权变型薪酬策略指对不同的薪酬构成实行不同的薪酬政策，依据薪酬水平的变化和竞争对手薪酬水平做出的调整。

（4）综合型薪酬策略根据职位的类型或者员工的类型确定薪酬水平。

领先型薪酬策略和滞后型薪酬策略都是比较传统的类型，目前应用最广泛的是综合型薪酬策略和跟随型薪酬策略。

3. 薪酬的作用与支付依据

（1）薪酬的重要作用。薪酬的作用是多方面的，它不仅对于员工本人重要，对企业和社会也都非常重要。

①薪酬是员工的主要收入来源，是劳动者及其家庭生活稳定和幸福的经济保障。

②在一个组织中，员工的工作行为、工作态度，以及工作绩效都会因薪酬的改变而受到影响，因此，企业往往通过增加薪酬的方式，激励员工更好地为组织服务。

③调整薪酬能够帮助企业控制经营的成本。

④企业可通过调整薪酬对员工进行奖励，吸引和留住优秀员工，从而对绩效产生影响。

（2）薪酬的支付依据。即企业向员工支付薪酬的各种依据和标准。一般来说，薪酬支付依据包括员工的岗位，员工的职务，员工具备的技能、资历，员工的工作业绩等。

①从员工的岗位出发，付酬的依据是岗位。是大多数公司采用的方式，岗位价值体现在岗位责任、岗位贡献、知识技能等方面。

②从员工的职务出发，付酬的依据是职务。这种方式是对上一种付酬方式的简化，但它不能体现同一职务在不同岗位上的差别。职务和岗位的区别在于，岗位不仅能够体现层级，还能体现工作性质，而职务一般只能体现层级，不能体现出工作性质。

③从员工的技能、能力出发，付酬的依据是技能或能力。由于技能和能力在理论概念上有所区别，实践中，一般对工人习惯以技能付酬，对管理人员则以能力付酬。

④依据业绩和市场支付薪酬。业绩付酬的依据是个人、部门、组织的绩效，市场付酬的依据则是市场值的多少。

4. 薪酬工资制度与相关法律规定

（1）薪酬工资制度。与上述付酬方式密切相关的是各种工资制度，常见的工资制度如下。

①岗位工资制。岗位工资制是依据任职者在组织中的岗位确定工资等级和工资标准的一种工资制度，这是由于企业在大多数情况下是根据员工所承担的工作的重要性、难度、对企业的价值，以及工作环境对员工的伤害程度，对雇员资格的要求决定的。其理念是：不同的岗位创造的价值是不同的，因此，对不同的岗位应该给予不同的工资报酬；不仅如此，对于超过岗位任职要求的能力不给予额外报酬；岗位工资制鼓励员工通过岗位晋升来获得更多的报酬。

②技能工资制或能力工资制。技能工资制是一种根据员工所具备的技能等级，而向员工支付不同工资的制度。其依据是企业需要的、员工拥有的、完成工作的技能或能力的高低。技能工资制和能力工资制体现了"以人为本"的管理理念，它能够给予员工足够的发展空间和舞台，便于企业内的人力资源规划和员工职业生涯规划的优化。

③绩效工资制。绩效工资制是对过去工作行为和已取得成就的认可，是基本工资之外的工资，其核心是建立公平合理的绩效评估机制。绩效工资会随员工业绩的变化进行对应的调整。在应用过程中，绩效工资制不仅有利于个人和组织绩效的提升，还是实现薪酬内部公平和效率目标的有力工具。不仅如此，绩效工资制还具有人工成本低的优势。但是，在具体的操作过程中，还要注意避免员工只关注当期绩效，忽略组织长远利益的短视行为，以及人工成本降低带来的员工高流动率、员工忠诚度不足和组织凝聚力不强的弊端。

④激励工资制。激励工资制是和业绩直接挂钩的工资类型。激励工资可以是短期的，也可以是长期的；可以是雇员的个人业绩，也可以是团队或整个组织的业绩。

但是要注意激励工资制和绩效工资制的不同：激励工资侧重于通过支付工资的方式来影响员工将来的行为，其支付方式是一次性的，对人力成本不会产生永久性影响；而绩效工资的侧重点在于对员工过去突出业绩的认可，其支付方式与基本工资相结合，一旦确定，就会永久性地增加到基本工资上。

就目前而言，使用率比较高的是组合工资制。所谓组合工资制是在企业薪酬管理实践中，采用两种或两种以上的工资制度，充分发挥各种工资制度的优点。比较常见的有岗位技能工资制和岗位绩效工资制。

（2）薪酬相关法律规定。目前，相关法律对薪酬的规定已经逐步完善并细化，这些法律法规主要有规范性法律文件和准规范性法律文件两种。与薪酬相关的法律规定一般都包含在各种劳动法中。规范性法律文件包括各种成文法，一般有劳动法、中央政府制定的关于薪酬的行政法规文件、各部委制定或劳动行政部门单独或与有关部门共同制定的专项劳动规章、省级制定的地方性法规和地方规章，以及由国际组织或两个以上国家协议制定的关于薪酬的国际性法律文件。

（二）薪酬管理的主要内容

薪酬管理是指企业在战略思维的基础上对本企业员工薪酬的支付标准、发放水平、要素结构进行确定、分配和调整的过程，是企业人力资源管理的一项重要职能活动。

1. 薪酬结构管理

薪酬结构是薪酬的构成要素及各要素所占比例。薪酬要素主要有基本工资、奖励工资、津贴、福利和服务及可变薪酬等。

（1）基本工资。基本工资是薪酬结构中其他部分的计算基础，体现了员工所在部门、岗位、职位，以及员工个体之间的劳动差异。

（2）奖励工资。奖励工资主要以员工超额有效劳动为计算依据，是员工在完成既定任务的基础上，进一步付出有效劳动的报酬。

（3）津贴。津贴主要包括三大类：与劳动直接相关的津贴、生活保障性津贴和地区性津贴。津贴是企业对员工在特定劳动条件下，或从事特定的具有超常劳动强度的工作所做的超额劳动，或为了保证员工的实际生活水平，或是为了补偿员工在特定环境条件下造成的生活费的额外开支等做出的补偿。

（4）福利和服务。福利和服务是指企业在支付员工与劳动有关的报酬之外，为确保和提高员工及其家属生活水平而从生活的诸多方面采取的保证和激励措施的总称，如社会保险、带薪假期、疗养娱乐活动等。

（5）可变薪酬。可变薪酬一般具有薪酬延期支付的性质，并通过资本增值的形式实现，多用于对管理人员的激励。股票购买特权、股票期权、虚拟股票权及绩效股权等都是可变薪酬的表现形式。

2. 薪酬支付形式管理

薪酬支付形式是指薪酬是以工作时间为单位，或是以产量、销售量为单位来计算的，这是薪酬支付的基础。支付形式主要有两种，一种是计时工资，另一种是计件工资。

计时工资制是指员工按照工作时间来获取报酬，比如，小时、周、月等。一般像行政人员、管理人员等以计时工资的形式支付报酬。计时工资制的优点在于其计量容易，其缺点是不能很好地反映劳动的强度和劳动成果，同时，由于工作刺激性不强，管理成本较高。

计件工资制下员工的报酬与其产量或工作量直接挂钩，计件工资的好处在于将员工的劳动成果与薪酬直接挂钩，有利于激励员工提高绩效。最大的缺点就是容易导致短期利益的产生，比如，生产工人很可能为了提高产品数量而忽视产品的质量，以及不重视生产设备的保养等。同时，实施计件工资也受到了很多客观条件的限制，例如，所从事的工作必须是易于衡量的，而且可以直接归因于个人或某个团队；工作的进度可以由员工自己控制，而不是由其他的客观条件控制等。

3. 员工福利管理

福利是指企业支付给员工的间接薪酬，是组织或企业为满足员工的生活需要，在基本薪酬和可变薪酬之外，向员工本人及其家属提供的可以由货币、实物及服务形式表示的收入。福利在现代组织或企业的薪酬中所占的比例越来越大，并且产生了更大的作用和影响。

（1）员工福利的主要功能。员工福利对于企业发展有重要意义，具体表现在以下方面。

①吸引和保留人力资源。越来越多的求职者在进行工作的选择时会把福利作为一个十分重要的因素进行考虑。良好的员工福利待遇已经成为提升企业劳动

力市场竞争力的重要手段。因此，许多组织或企业会在国家法定的福利项目外，设立其他福利项目，从而留住员工，又降低运营成本和提高生产率。

②有利于企业文化的建设。组织或企业越来越重视员工对企业文化和价值观的认同。福利体现组织或企业的管理特色，传递组织或企业对员工的关怀和支持。因此，以员工为中心，努力向员工提供形式多样、富有吸引力的福利计划，对构建企业的价值观和企业文化特色具有重要作用。

（2）员工福利的类型划分。在不同企业中，福利的内容是不同的。但是一般来说，可以将福利的项目划分为两大类：一是国家法定福利；二是企业自主福利。

①国家法定福利。国家法定福利是组织依据国家有关法规为员工提供的福利，这为员工提供了工作和生活的基本保障，具有强制性，任何企业都必须执行。主要包括养老保险、失业保险、医疗保险、住房公积金、公休假期和法定假日、带薪休假。

②企业自主福利。企业自主福利是组织或企业自主建立的，为满足员工的生活和工作需要，在工资之外向员工本人及家属提供的一系列福利项目。

（3）员工福利的管理过程。为了保证给员工提供的福利能够充分发挥作用，在实践中，一般按照以下步骤实施福利管理。

①福利调查阶段。为了使提供的福利能够真正满足员工的需要，应先进行福利调查。在过去，我国大多数企业忽略了这一点，盲目地向员工提供福利，虽然也支出了大笔的费用，但是效果不是特别理想。在进行福利调查时，既可以由企业提供一个备选菜单，员工从中进行选择，也可以直接收集员工的意见。福利调查分为两部分：内部福利调查和外部福利调查。内部福利调查只是解决员工的需求问题，但是这些需求是否合理、企业总体的福利水平应当是多少，这些问题都应该进行外部福利调查。

②福利设计阶段。福利调查结束后，就要进行福利设计。企业要根据内外部调查的结果和企业的自身情况，确定出需要提供的福利项目。然后对福利成本做出预算，包括总的福利费用、各项福利内容的成本，以及每个员工的福利成本等。在保证自身福利竞争优势的前提下，努力减少福利支出，制定福利项目预

算，确定福利项目的成本，以制订相应的福利项目成本计划。制订详细的福利实施计划，明确福利产品或服务购买或支付的制度和保管制度等。

③福利实施阶段。福利实施阶段就是按照已制订好的福利实施计划，向员工提供具体的福利。在实施中兼顾原则性和灵活性，如果没有特殊需要，一定要严格按照制订的计划来实施，以控制好福利成本。而且我们要保持实施进程的灵活性，定期检查，定期监控，以保证福利提供的有效性。

④福利的反馈阶段。实施阶段结束后，还要对员工进行反馈调查，以发现在调查、计划和实施阶段存在的问题，从而不断地完善，提高福利管理的质量，同时积极学习其他组织和企业的做法，不断完善和调整福利项目，以更好地满足员工的实际需要。

（三）企业薪酬管理的优化策略

1. 贯彻相对公平原则

内部一致性原则强调企业在设计薪酬时要一碗水端平。内部一致性原则包含三个方面：一是横向公平，即企业所有员工之间的薪酬标准、尺度应该是一致的。二是纵向公平，即企业设计薪酬时必须考虑到历史的延续性，过去的投入产出比和现在乃至将来应该基本上一致，还应该是有所增长的。这里涉及一个工资刚性问题，即一个企业发给员工的工资在正常情况下只能看涨，不能看跌，否则会引起员工的不满。三是外部公平，即企业的薪酬设计与同行业的同类人才相比具有一致性。具体到企业，建议在进行充分的调查后，确立一个能够令人信服的工资标准，包括固定工资标准和浮动工资标准。在工资表中将薪酬的组成分类具体化，对绩效考核的项目进行细化。使员工都了解自己的薪酬组成，金额多少。同时要增加透明度，因为透明且沟通良好的薪酬制度，有利于劳资双方对薪酬的认知，加速工作绩效的提升。

2. 适当、及时地提高员工薪酬水平

薪酬体系设计的目的是建立科学合理的薪酬制度，使之在保障员工的基本生活的基础上，最大限度地发挥激励作用。此外，薪酬体系还应始终关注企业的长期发展战略，并与之保持一致，以促进企业的发展进步。企业应当根据外部环

境的变化，及时地对员工的薪酬水平做出调整，特别是作为员工薪酬主要组成部分的基本工资。

3. 完善薪酬和绩效评估体系

领导者必须对下属进行认真分析、找出差异，从而采取不同的领导方式，以取得最佳的领导效果。对薪酬系统的设计也是如此，员工需求是有差异的，不同的员工或同一员工在不同时期需求都可能不同。绩效评估考核的结果与员工所得的报酬是直接挂钩的，绩效评估的客观性、公平性直接影响着薪酬体系的合理性，所以要建立公开民主的多重评估体制。

第三章

企业人力资源优化管理的目标与实施路径

第一节　人力资源优化管理的目标及定位

一、我国人力资源管理模式概述

（一）主要内容

在我国，对人力资源管理模式的理解与一些发达国家对人力资源管理模式的理解存在一定的差异。就目前的情况来看，我国的人力资源管理模式还是以传统的人事管理为主。关于如何改进我国人力资源管理模式仍是一个值得探讨的问题。

（二）现状分析

1. 我国企业人力资源管理模式分析

不管是在现在还是将来，在企业、政府、社会组织中必然存在人力资源的管理。目前我国企业人力资源管理模式主要分为以下两种。

（1）感性型家长制管理模式。从名称上就可以看出这种类型的管理模式比较落后。这种模式将员工视为企业的一部分，在人性认识上的偏差决定了这种人力资源管理模式的特点。

①员工与企业之间的关系是固定的，上级颁布的任务员工必须无条件执行，没有商量与反驳的权利，这种情况下员工往往不懂变通。

②领导与员工、员工与员工之间没有沟通。

③领导者的权力过大，甚至可以说是独裁。

④管理制度过于落后。

⑤权责意识不清。

（2）以人为本的理性化管理模式。这样的管理模式借鉴了西方的人力资源理论，体现了人性化的特点，注重员工的主体性与主动性，并将这种特性与企业发展联系起来，其主要特点如下。

①企业决策要遵循公司的规章制度，领导者也不能随意做出决定。

②在企业管理中充分发挥主动性与积极性，实现企业员工的个人价值，共同致力于企业的未来发展。

③员工将企业视为自己的家，并以积极、健康、平和的心态看待企业的发展，企业员工之间的关系应该是和谐、友好的。

④企业员工有着明确的工作目的与岗位职责，工作认真，不搞形式主义，依靠自己的努力获得报酬。

⑤企业的人力资源管理制度应该是动态变化的。企业员工之间的素质与能力是有一定差距的，要根据实际情况，做出修改与调整，企业的人力资源管理制度不是一成不变的。企业的发展阶段不同，对企业员工的能力与素质的要求就不同。

2. 我国人力资源管理模式存在的误区分析

在我国，人力资源管理模式一直都存在一定的问题，很多企业认为人力资源管理是一项可有可无的工作，甚至有些企业运行了很多年依然没有人力资源管理部门。这些认知上的错误也就造就了人力资源开发管理与企业的发展战略不能很好地结合，人力资源管理的优势也就难以体现。

人力资源作为企业发展的关键因素，人才的竞争造就了企业的竞争，如果忽视人力资源管理工作就会使企业在市场竞争中失去优势。

我国企业对人力资源管理工作最基本的认识就是进行人员的绩效考核，绩效考核是人力资源管理工作的重要组成部分。对员工进行绩效考核就是拒绝平均主义，是对员工付出的肯定。

绩效考核就是要通过建立考核体系对员工的工作进行评定，绩效考核不仅是为了警示与惩罚，还是为了激励员工的工作积极性，就目前来看，人力资源开发与管理工作并不冲突。但是很多企业重视人力资源管理，不重视人力资源的开发。

我国的劳动力比较丰富，不想承担人力资源开发成本，必定不利于企业日后的发展。与国外企业相比，我国的人力资源开发工作比较落后，职业生涯规划与指导在我国很多企业都没有被实行。

（三）瓶颈分析

1. 传统思想根深蒂固

即便是经历了 40 多年的改革开放，但是我国很多企业还是延续传统的思想观念，传统的思想观念一直影响企业的运行与发展，也影响着我国人力资源的开发与建设。应该辩证地看待传统思想，保留其精华，剔除其糟粕，一味遵循传统，对企业的人力资源的开发与建设非常不利。

员工职业发展呼唤人力资源管理，当代社会，人们不能再用短浅的眼光来看待事物发展，而应该放眼未来，建立起真正意义上的现代企业管理模式。

2. 管理机制存在缺陷

我国的人力资源管理机制仍然没有做到尽可能的完美。人力资源管理机制应该以规范的企业结构为基础，两者之间是相互影响、相互促进的关系。很多企业由传统的国有企业调整而来，企业的结构十分复杂，再加上受我国传统文化的影响，其治理结构也十分复杂。这是一个值得人们深思的问题。

3. 现代管理思想难以引进

我国企业的人力资源管理力量比较薄弱，受传统思想的影响，人力资源管理的难度加大。

企业对员工的定位不准确，员工对自己的工作职责认识不清，没有制定战略规划，这样的企业在市场竞争中往往没有优势，不利于企业长远发展。

现代企业人力资源管理制度虽然好，但是只适合员工职业化程度比较高的企业，并非适合所有企业。虽然我国企业已经具有科学管理的重要性，但是，在什么时间引入现代企业的管理思想还是一个值得探讨的问题。

4. 劳动力市场建设不完善

改革开放以来，我国的劳动力市场获得了长足的发展，国家先后制定了一系列有关劳动力的法律与法规。劳动力市场也逐渐正规化、合理化。市场机制在劳动资源配置过程中发挥了一定作用，但还是存在一定的缺陷，不容忽视。

我国劳动力市场发生了转变，但是并没有实现转型，劳动力市场依然存在很大的局限性，其发展与建设仍有进步的空间。

企业的人力规划与劳动力市场的机制对企业的发展也会产生一定的影响，企业在制定人力资源规划时更应该进行综合考虑，及时止损。我国的人力资源管理模式与社会保障制度还有待完善。

综合来讲，经过多年的发展，我国企业在人力资源管理方面也取得了一些成就，具体表现为：①进出口渠道逐步形成并完善；②实行了定员定编管理；③建立了业绩考核机制；④工资管理逐步规范化。

（四）案例分析

海尔集团是我国成功企业的代表之一，通过对海尔的人力资源的管理分析，借鉴相关经验，完善我国人力资源的开发与管理。从濒临破产的企业到现在的大型家电企业，海尔集团的成功并非偶然。海尔的管理模式与管理方法已经作为一项成功的案例，进入了众多大学的课程，成为全球共享的典范。从最初的借鉴国外人力资源管理方法到现在形成自己的管理模式与经验，海尔创新的人力资源管理模式对我国企业有着重要的借鉴意义。

1. OEC 管理模式

海尔集团借鉴国外管理模式，创建了具有海尔特色的 OEC 管理模式，OEC管理模式通过激励机制、目标系统、日清系统三个体系实现。

这样的管理模式使产品的信息既清晰又具体。企业的员工各负其责，做到今日事，今日毕。日清的结果必须与激励机制相挂钩，从而形成了一个目标管理体系。

2. "市场链"负债机制

海尔的管理模式从来不是固定不变的，而是一直在创新。实行"市场链"负债机制就是为了应对当时的经济发展形式，将外部竞争环境转移到企业内部，使企业员工可以直面市场，在竞争中实现整体能力的提升。

企业中各级部门不仅要对自己负责，还要对自己的上级负责。每一道工序不仅关系到自己的工作量，更关系到与自己相关的员工的工作，从而在内部形成一种市场机制，将外部企业竞争的压力转移到企业内部，使企业员工将企业的发展与自己的发展联系在一起，将压力转换为动力。

海尔的人力资源管理模式为我国人力资源开发与管理提供了参考。海尔作为土生土长的中国企业，它的人力资源开发与管理模式对我国其他企业的人力资源开发与管理模式具有借鉴意义。海尔企业通过转变企业与员工之间的关系，将企业的发展与员工的发展融为一体，真正实现了高效运行。

二、我国人力资源开发的目标

（一）人口目标

改革开放以来，我国的劳动者人口素质获得了大幅提升，这也是经济发展的一个重要因素。为了达成 2050 年基本实现现代化的宏伟目标，在国家建设中必须赋予人力资源第一资源的战略地位，以加快建设人力资源强国为战略目标，有步骤、有计划地推动整体人力资源水平提升。

应提高我国人力资源的市场竞争能力，逐渐缩短与发达国家之间的差距。当今世界各国的竞争，已经逐渐转变为科技与人才的竞争，对人力资源的开发也已经关系到国家发展。通过对人力资源的开发与利用，挖掘人力资源的潜在优势，实现人力资源强国的发展目标。

（二）综合目标

我国人口数量多，但是整体素质并不高，虽然人口大国隐藏着巨大的人口红利，但也面临着沉重的就业压力，如何平衡人口红利与就业之间的关系已经成为我国在发展过程中亟待解决的问题。

值得关注的是，我国人口的老龄化速度逐渐加快，据估计，到2050年我国每4个人中就会有一个老年人，因而，在加强劳动年龄人口资源开发之外，我国开始注重老年人口资源的开发。

认真研究当前人力资源市场的不足，注重对老年人的人力资源的开发与管理，这对于我国人力资源开发与管理既是机遇也是挑战。我国产业结构的调整势必对人力资源市场产生新的要求，也会带来更多的就业机会，老年人的就业机会也会增加。

市场的变化不仅要求青壮年走上工作岗位，对老年人的需求也开始增多。如今，世界人口平均寿命开始增长，延长退休年龄具有积极意义。与青壮年相比，老年人的知识结构、社会关系、社会经验都更加丰富，最重要的是处理问题上的态度与方法更加成熟。因此对于老年人力资源进行开发，有助于提高我国的人力资源管理水平。对老年人的人力资源开发主要集中在公益服务、技术咨询、社会服务、代际合作等领域。

为了实现国家的发展，必须对当今的国际竞争格局有清醒的认识，实现从人力资源大国向人力资源强国的战略转变，形成具有中国特色的人力资源的建设体系，提升人力资源开发能力。

全面提升我国人口的健康素质、思想道德素质、科学文化素质，为我国的人力资源开发创造良好的环境，优化我国人力资源市场配置，为社会发展提供源源不断的人才，打造一支高素质、高水平、高质量的人才队伍。

激发人才创新活力，挖掘人才的潜在能力，优化人力资源结构，实现产业发展与人才发展的有效衔接与协调，促进我国产业结构的优化与升级，以人力资源的优势带动我国经济、文化的发展，实现经济强国的目标。

三、我国人力资源的发展定位

21世纪以来，我国重视人力资源开发与管理，重视教育，出台了一系列教育政策，提高人口素质，实现教育的大众化，人力资源的教育素质水平得到显著提升。

伴随着社会的进步，世界上很多国家的发展水平正在稳步提升。科技的进步、教育的发展、医疗水平的提升等都让人们更加长寿、更加健康，我国人力资源的发展也开始正规化、科学化、合理化。

在我国经济发展的过程中，世界上其他发达国家也没有停下发展的脚步，与他们的人力资源开发水平相比我们仍有一定的差距。国家的进步离不开人力资源的发展，所以应充分发挥人力资源的优势，促进我国的全面发展。

立足于我国现状，确定我国人力资源开发的目标，研发适合我国发展的人力资源的开发策略，又要与国际标准相结合，明确我国的人力资源开发的定位、目标、实施路径。

第二节　我国人力资源优化管理的蓝图勾勒

一、建设人力资源强国的必要性以及迫切性

当今我国面临着严峻的人口发展形势，人口的基数大，资源的人均总量就少。我国的经济、社会、文化也正面临着一系列的转型，建设人力资源强国已经成为一种必然。建设人力资源强国的步伐也要适当加快，为我国的崛起做出贡献。

（一）必要性

我国的人口众多，随着时间的推移，我国的人力资源开发取得了显著的成绩。21世纪初期，我国的人力资源从低水平发展到中等水平发展，尽管取得了一定的成就，但是与一些发达国家相比，还存在一定的差距。

1. 实现经济增长方式转变

我国人力资源建设中存在很多亟待解决的问题，如科技创新能力不强、资源短缺、生态环境恶化、基础薄弱等。因此，深化改革与转变经济发展方式的任

务依然艰巨。

转变经济增长方式，由数量型增长转向质量型增长，包括：提升劳动者的素质，提高知识性产业存在的比例，提高劳动者的创新、创业能力。在当今社会，知识创新已经成为经济发展的持续动力。

2. 人力资源开发与管理的重要性

社会组织在改革的过程中，各项功能逐渐完善，形成了独立的组织，增加了独立运作的能力，提升了社会组织的威信。在全面深化改革的背景下，政府赋予了社会组织更多的权利，全面提升了社会组织自主的发展的能力。

伴随着相关政策的落实，社会组织也会承担着更多的社会责任，必须具备优势吸引和留住人才，社会组织的人力资源开发与管理也必须发挥出相应的作用。

伴随公民参与意识的增强，人对社会组织的认识也更为全面。更多的人愿意参与到社会组织管理中，愿意成为社会组织的一员。随着各种优秀人才的加入，人力资源管理队伍不断壮大，社会组织对这些人力资源必须要制定出科学的管理策略，使组织中的每个人都可以实现自己的价值，但是我国社会组织对人力资源开发管理的落实工作还远远不够。

在一些大型的招聘会上，几乎看不到社会组织的身影，更不用说专场的社会组织招聘会。在社会组织中也没有专门的人力资源开发与管理部门，很多已经存在的人力资源开发与管理组织也是参照企业与政府的人力资源开发与管理的方式设置的，因此有必要重视对社会组织人力资源开发与管理，突出人力资源的重要性。

3. 我国人力资源开发与管理的展望

发达国家都十分重视对于人力资源的开发与管理，但是我国由于历史原因，社会上没有形成专业的人力资源开发与管理部门，再加上缺乏专业的人才，很多有关人力资源开发与管理的工作就被搁浅了。

我国要顺应时代的要求，在社会的发展中重视人力资源的开发与管理。社会组织要提升对人力资源开发与管理的认识，借助国家出台的相关政策推动人力资源开发与建设工作，成立专门的人力资源管理组织。

在人力资源开发与管理的整个过程中，社会组织要根据自身实际情况，认真学习政府与企业的人力资源开发与管理经验，也可以借鉴国外的经验，构建具有特色的人力资源开发与管理体系。

人力资源开发与管理体系具有开放包容的特点，随着社会的发展该体系也会不断完善，最终形成具有中国特色的科学的管理体系。

（二）迫切性

1. 适应经济全球化的挑战

国际竞争日益激烈，为了应对经济全球化的挑战，必须提升人才的素质与能力。人才才是决定国际竞争成败的关键。与发达国家相比，我们的科技水平与创新能力比较低，抓住机遇，提升人力资源开发的水平也成为适应经济全球化的关键。

经济全球化所带来的人才的大范围流动，使得各个国家都在争夺人才，国家不仅要对人才进行教育培养，还要制定人才战略，吸引更多的人才致力于国家的建设与发展，如移民政策、提升薪资待遇等。每年都会有一大批留学生来到中国，应该把握机遇，想方设法挽留住人才，在国际人才竞争中取得先机。

2. 社会组织人力资源开发管理的专业化要求

社会组织最大的优点就是成员构成是相关行业的专业人士，社会组织具有很强的专业性，为了适应社会的发展更需要加强专业化的建设。随着社会组织的快速发展，国家对社会组织人力资源开发与管理也越来越重视。

社会组织的专业化与职业化也成为一种发展趋势。社会组织的人力资源开发与管理所涉及的内容也越来越多，专业化更是体现在社会组织人力资源开发与管理的每一个环节。

通过不断创新人力资源开发与管理技术，社会组织的人力资源开发与管理也逐渐具有自身的特色，社会组织的人力资源开发与管理也更加专业、规范、科学。

3. 社会组织人力资源开发与管理的体系化

因为没有建设经验，所以社会组织的人力资源开发与管理都是借鉴企业、政府的人力资源开发、建设、管理的方法。没有根据自身的实际情况，形成自己的体系，很多制度都是有缺陷的，根本不能形成完整的体系。

体系不完整便不能发挥出真正的作用，伴随着社会组织人员的不断扩充，社会组织的人力资源开发与管理也会逐渐摆脱传统模式，形成自己的特色。

根据自身的特点设置出最适合组织发展的人力资源管理模式，从工作岗位设计、人员招聘到培训与考核，都需要突出社会组织的特点。社会组织人力资源开发与管理的体系化建设也有助于社会的发展，可以适应人力资源发展的趋势，激发社会组织的活力，提升社会组织的工作绩效。

社会组织发展的良好态势表明，在发展中出现的问题与阻碍都会得到解决。社会组织可以根据实际情况及时调整，吸纳最合适的人才，在动态的发展过程中形成各具特色的人力资源开发与管理体系。

二、建设人力资源强国面临的问题与挑战

改革开放以来，我国开始实行教育优先发展战略，使劳动者的素质不断提升，但是由于人口基数大，我国的人力资源发展质量并不高，与发达国家之间仍然存在一定差距，主要体现在以下几个方面。

（一）与发达国家相比差距明显

我国的人力资源总量规模大，但是缺乏专业、高质量、高素质的劳动力，缺乏具有创新能力的高层次人才，人力资源产出率并不高。

（二）政策法规建设不完善

改革开放 40 多年来，我国从中央到地方对人力资源的重视程度逐步提高，但政策法律建设还不完善。

1. 体系不全

综合性人才法律保障体系有待健全，针对人才使用与管理的专门法律还有待加强。具体表现为以下几个方面：①投资移民和技术移民；②人才要素参与分

配；③高层次人才队伍建设；④人才流动管理；⑤深化事业单位改革；⑥国家重要人才安全未被覆盖；⑦法制建设步伐滞后。

2. 层次不高

从国家层面来看，有关人力资源开发与管理的政策比较多，相关的法律、法规比较少。针对高科技、高技能、社会工作人才管理的法律、法规更少。导致很多工作开展得不顺利。

3. 时效不强

有关人力资源管理法律、法规的时效性不强，需要加大立法、修改、废止法律的力度，一些与当今市场经济发展不符的政策与法规应该在适当的时机及时废止，很多暂行规定多年如一，早已失去了时效性。

4. 落实不够

很多地方注重出台人力资源管理新政策，但是在出台之前并未进行科学的评估，有的政策只是一句口号，并没有落到实际行动中，有关人才的政策更是大同小异，对人才的吸引力也日益降低。再加上资金投入的限制，很多政策只能实施一小部分，或者只能停留在书面上。

（三）培养、评价、激励机制有缺陷

人力资源的培养、评价、激励、流动等机制都存在一定的缺陷，这些缺陷会压抑人才的积极性与表现力。伴随着社会的进步，人力资源管理机制也应该与时俱进，要突出公司的特色与优势，构建具有特色的企业培训制度。

企业的培训工作没有适应社会的发展要求，需要从宏观与微观两个层面共同推进。没有形成科学的人才评价机制，对人才的评级还是只重视学历与职称，对于科研成果的研究与应用的力度不够，不能形成公正、合理、科学、透明的人才评价机制，人才激励机制不健全。

现行的人才激励机制最主要的问题是薪资待遇不合理。物质激励、精神激励并没有形成严格的制度，即便形成了制度在后续的执行中也可能存在问题。有关知识、技术、管理等要素参与激励制度还没有形成规范。

人才流动机制存在问题。人才流动是一种正常现象，但是人才在政企、城乡之间的流动手续过多，导致流动存在一定的困难。这些问题都不是一朝一夕形成的，因此解决起来也需要一定的时间。

（四）与市场发展要求不协调

我国在人力资源的开发与管理工作中采取了很多措施进行改革，但是很多企业的表现并不理想，主要体现在以下几方面。

1. 企业"双轨制"依然存在

政府与事业型单位实施保障性较强的就是就业保障与退休制度，也就是人们常说的"铁饭碗"，但是很多单位已经消除了聘任终身制，实行了"双轨制"，只不过是"计划轨"的发展没有跟上"市场轨"。

2. 缺乏相应的人力资源管理体系

企业的战略规划并没有考虑人力资源管理制度，因此在企业的发展规划中并没有体现员工的激励与绩效考评制度，这并不利于员工个人的发展，也不利于企业的运行。企业人力资源配置存在许多不合理的地方，具体为：①层次不合理；②专业不对口；③富余人员与职位空缺并存；④有人没活干，有活没人干；⑤个人职业生涯规划与组织发展不匹配。

3. 员工培训体制不完善

①培训观念错位。与以往企业的员工流动频率相比，当今员工流动的频率相当高，很多企业因为资金的限制，员工的培训工作被搁浅，员工没有经过专业的培训，就可能存在一定的欠缺。

②培训制度不健全。很多企业所制定的培训制度只考虑到眼前利益，或者员工培训制度只是徒有其表，根本没有落实过。培训工作需要领导的重视。

③培训内容与方式的不科学。很多企业培训只是一个形象工程，没有进行过系统的设计与分析，也没有考虑到培训的效果。

④激励机制的不健全。没有固定、统一的评估标准，激励方式单一，忽视精神激励的作用，导致员工的安全感与归属感薄弱。

（五）服务建设体系刚起步

1. 人力资源公共服务体系建设有待提高

我国的人力资源服务体系建设还没有形成规模，与理想的状态还存在一定的差距。我国缺乏人力资源公共服务的权威信息系统与完善的服务机制。不同的公共服务项目还需要进行整合，没有形成专业化的服务渠道与最终产品。

2. 尚未建立规范有序的人力资源市场

构建规范、有序的人力资源市场也是市场改革的重要内容之一，不同的人力资源市场建设的重点不同，没有形成统一的认识，出现了众多问题，人力资源市场的实际服务能力与期望值之间的差距也就拉大了。

3. 社会化服务程度较低

当前我国人力资源市场中介服务社会化程度与专业化还是比较低的，没有形成规范。缺乏专业的人力资源管理中介机构，不能提供专业、及时的服务。

人力资源中介行业内部的管理机制不健全，没有经过专业的人力资源中介组织认证，不能确保行业内部人员的专业性，再加上行业内部缺乏科学的管理机制，服务意识淡薄，在市场上也没有核心的竞争力，内部的员工与管理者的素质也是参差不齐。

4. 劳动力市场主体发展不足

人力资源市场发展的决定因素就是市场主体的发展程度。人力资源市场本身的发展就不算规范，再加上对于我国劳动力市场的认识也不全面，很多有关人力资源开发的项目都没有形成气候。

（六）发展环境有待优化

人力资源发展情况的综合环境也不理想，主要表现在三个方面。

第一，社会创新氛围还有待加强。很多企业的发展只关注眼前的利益，不考虑自己的日后发展。企业想要获得长期发展的动力就需要有创新意识、竞争意识，明白自己与其他优秀企业之间的差距，企业对创新失败的宽容力度不够，创新失败容许发生，如果一次失败就不再努力，那么创新这条路也会走不通。

第二，人力资源开发管理体制有待完善。很多企业的人力资源开发工作虎头蛇尾，只是重视初期的工作，不能持续跟进，实现不了预期目的。

第三，人才居住环境的改善。想要留住人才依靠口头上的奖励是不够的，要以物质奖励为主，改善其居住环境方能有效留住人才。

当今时代，知识与技术是员工的核心竞争力。伴随着知识型人才的增多，人力资源管理的重心也开始转变，学习不仅是一项任务，还是一种能力。从员工培训到员工的职业生涯规划，再到学习型组织的建立，人力资源开发与管理工作的内容也开始出现了很多变化。

信息的高速传播拉近了彼此之间的距离，使人们即使远隔千山万水也可以进行交流。各种管理软件的出现也加快了人们的现代人力资源管理的办公化与自动化进程。

信息技术的深入发展也带动人力资源管理的发展，拉近了管理者与员工之间的距离。企业的领导者可以向身处不同地区的员工发布信息，员工可以获得与管理者信息交流的权利。

人力资源管理可以应用当今的网络，创造优秀的企业文化，促进员工之间的交流与合作，消除距离感。由于互联网技术的发展，自由办公也成为企业办公的一种趋势，灵活的工作方式与工作环境共同促进了人力资源管理的发展。

这是一个没有边界的世界，所有的工作都需要内装一个全球的理念，不仅经营、贸易全面展开，连同文化、语言都需要基于全球的认识和理解。一方面，在不断高涨的全球化浪潮下，我国不少企业已经感受到了残酷的人才竞争。我们不得不和那些实力雄厚、条件优越、管理经验丰富的外企争夺本来已很稀缺的人才资源。怎样设计更具竞争力的人力资源系统，是全球化给我们提出的课题。另一方面，在资金、产品、人员迁移、流动的全球化的世界里，劳动力的国际化成为必然，不同区域、不同空间的人有可能会坐在一起开会讨论问题，来自不同国家的员工也可能会在一起工作。

人力资源经理必须具备全球化观念，可以接受员工的多样化，也要提升自己的素质，还有必要接触一些其他国家、文化的语言与经济知识，尊重、理解别人的文化，实现不同民族、不同文化之间的合作，构建和谐的工作氛围，这也是企业在全球化的世界中立足的关键。

这是一个变化的时代，是一个变化决定结果的时代。变化是绝对的，不变是相对的。不管我们希望变化，还是无视变化；是害怕变化，还是喜欢变化，变化都无时无处不在发生，以变应变，是成功的关键。企业面对变化的环境必须要做自我改变。所以，要进行组织变革，要实行人本化管理，要实行雇佣制，要培养团队精神，要建立企业文化，而在这种变化当中，又出现了一些以前没有的问题，如分权可以提高工作的自主性，但同时存在着如何控制的问题；强调个性化的管理，重视员工个人价值和自我实现，但也要重视团队合作；人才的自由流动可以使人才资源得到更好的配置，保持一定的流动率也可以使企业保持活力，但如何提高员工尤其是核心员工的忠诚度，又是一个困扰很多企业的问题。所有这些都说明，只有不断求变，才能以更有力的姿态迎接挑战。

（七）人力资源管理角色的变化

面对各种挑战，人力资源管理者的角色也应进行相应的改变，将战略转化为组织内自上而下所有人员的行为，使员工和组织共同发展。

1. 改革的催化者

组织为迎接变化，必然要引进新的理念，实行新的战略，采用新的管理模式，如组织再造、虚拟团队、工作多样化等。当今的管理中，需要将新的管理理念转化为员工的行动，这使人力资源专业人员的工作比过去任何时候都更复杂。不少员工面对持续的变化会无所适从，出现抗拒情绪，从而使工作效率降低。人力资源管理者可以帮助员工调节心态迎接变化，通过调动成员的积极性来建立高效率的工作团队，缩短变革所需要的周期。随着以信息和知识为主的学习型组织的到来，人力资源管理者更应该成为变革的先锋，从而带领企业走向更好的未来。

2. 战略制定的参与者

企业的所有决定都是通过雇员完成的，但是企业的员工一般不会参与企业的决策过程，企业会设置专门的人力资源管理部门，由专业的人员负责。企业应鼓励员工参与战略制定过程，使其成为企业战略制定的决策者与执行者。

3. 员工的代言人

社会环境的瞬息万变使人们承受的压力越来越大，需要掌握的技能也越来越多，但是企业对员工的投入却越来越少，这导致人员流动性越来越大。企业对员工的照顾减少，员工对企业的忠诚度也会降低。

在人力资源管理中，管理人员必须竭尽所能，让员工感到企业的诚意，让员工愿意付出自己的努力，人力资源管理者也不再是组织的管理者，更多的是员工的代言人，为员工的需求与发展提供帮助，站在管理者的角度充分考虑员工的利益，为员工的成长提供必要的帮助，以充分发挥员工的价值。

4. 获取竞争优势的发动者

在决定企业核心竞争力的众多因素中，与人有关的因素主要包括：学习与开发，组织承诺的工作环境，吸引、甄选、维系人才，管理继承人的储备，科学的绩效管理与合理的薪酬设计。在竞争者之间，人力资源管理水平的差别相当大，有效地管理人力资源，对公司获得竞争优势有很大的帮助。同时，有效的人力资源管理可以吸引、留住优秀的人才，使员工树立良好的工作作用，焕发高涨的工作热情，忠诚于企业，这才是当今企业赢得竞争的关键。

三、人力资源强国建设的具体实施

整体上看，我国人力资源发展水平与发达国家存在一定差距，我国想要实现战略规划与战略目标，就要重视人力资源管理建设，人力资源具有不可替代的作用。我国实施人力资源强国建设战略，就是为了加快人力资源开发与建设的步伐，实现国家发展战略。

未来几年，我国产业结构调整与升级将加快步伐，同时推进产业的结构变动与产业结构的升级，提高对人力资源开发与管理的要求。因此更要重视教育的发展，完善人力资源的培养体系。到 21 世纪中叶，使我国跻身人力资源强国。

第一阶段：到 2030 年，实现从人力资源中等水平国家迈向人力资源发展较高水平国家。这一阶段要充分挖掘我国人力资源的优势，我国的劳动人口众多，劳动成本相对低廉，故应加大对低端劳动力群体的职业技能的保护力度，实现人力资源的转换与升级，全面提升我国人力资源质量。

第二阶段：到21世纪中期，初步步入人力资源发展高水平国家行列。在这一阶段，继续推进教育与人力资源开发的制度的改革与创新，构建良好的人力资源建设环境，更为充分地挖掘人的潜力，提高劳动生产效率，将我国建设为真正的人力资源强国，基本实现国家现代化的战略目标。

第三节　我国人力资源优化管理的战略实施路径

一、加强人力资源人才培养

（一）人力资本优先发展

以建设人力资源强国为目标，根据我国人力资源建设的实际情况，选择合适的人力资源开发战略与实施路径，培养出更多的专业人才、创新人才，打造一支适合社会发展的高素质人才队伍，开创我国人力资源建设的新局面，为我国建设提供强有力的人力资源保障，形成人力资源竞争优势，加速我国进入人力资源强国的步伐。

人力资源作为一种可持续发展的资源，是可以通过培养获得的，因此人力资源也是最具潜力的资源。想要开发人力资源就需要实现人才的积累。人力资源与其他的资源相比要获得优先发展的权利。

将人才投入放在重要的位置，将人力资源开发投入作为战略性投资，实现资源开发由物到人的转变。积极鼓励各个地区政府的人才培养政策的出台，加大人才的培养、扶持力度。但也不能忽视人才培养与引进的工作。

在鼓励各个地区进行人才规划的过程中也要做好相关人才的投入工作，也就是说，既要做好软投入也要做好硬投入，确保人力资源开发顺利进行。政府的带头作用固然重要，但是相关企业与个人也要做好自己的工作，借助政府的政策调动自身对人力资本的积累与运用的积极性。

政府可以积极引导多方的社会力量加入人才事业的建设过程中，政府应该起到模范带头作用，引导社会、企业、个人的人才投入。坚持人力资本有限优先发展的原则，利用好国家出台的各项政策，充分利用好教育在人才培养方面的基础作用，并通过加大科技投入来提升产业的升级，吸引更多高水平、高质量的人才。

我国的发展离不开人才的支持，所以应加大对人才的吸引力度。国家在不同的发展时期对人才的要求也会有所差异，但是对于科技创新型、专业素质过硬的人才的要求在任何时期都不会过时，形成人才资源开发的优势。

（二）创新人力资源开发制度

创新人力资源开发制度，构建一种高效、开放、灵活的人力资源开发制度，通过制度激发人的工作热情，挖掘人的潜力，进而构建一种人才自由发展、公平竞争的制度环境，实现人力资源强国的建设目标。

根据当今社会发展的要求，坚持以人为本，实现人与社会、自然的和谐相处，创造一种有利于社会进步的制度环境。从我国的国情出发，立足于整体，调整人力资源开发管理体制机制的建设思路、方法、实施路径。及时清除制度建设方面的障碍，加快人力资源开发管理的进程，用制度规范人力资源管理，确保有关人才各项开发内容的推进。

重视教育的力量，提升全民的身体素质、科学文化素质、思想道德素质，培养人的其他方面的能力，尤其是对创新能力的培养，从整体上提升人类的综合素质，实现人的全面发展。

以现代教育的理念为核心，构建现代国民教育体系与终身教育体系，深化教育改革，从制度上创新人才培养模式，提升人才的综合素质。只有不断推进教育改革，优化教育，才可以进一步巩固人才的教育基础，除此之外，还要重视职业教育。我国目前对专业的技术人员的需求依旧很大，不仅要重视素质教育，还要重视职业教育，培养出大批社会急需的人才，提升教育的质量。

完善高层次人才基地建设，培养出更多的应用型、专业型、创新型人才，完善继续教育，丰富当前的教育体系，推进学习型社会的建设，构建完善的从业人员培训体系，打造完善的人才培训、教育体系。

（三）改善人才建设环境

改善人才建设环境是一项庞大的系统工程，必须从根本上进行，坚持以人为本的工作理念，树立科学的人才发现与发展观，改变传统的思想观念，并不是学历越高，人才的质量就越高，只有合适的人在适合的岗位上才是正确的。

只要是没有违背社会道德与法律，踏踏实实为社会发展做出贡献的人都是人才，完善人力资源开发工作，提倡人人可成才的思想观念，建立公平、公正的人才建设环境，完善相关法律制度，确保人才发展。

为人才竞争创造良好的环境。国家力求以规范的、统一的、公正的政策与法规为人才提供良好的工作环境。应加大监督执行力度，力求各项政策与法规落到实处。

要重视对劳动人事争议处理工作，维护员工的合法权益，进而实现维护双方的合法权益。通过一些实质性的改革，大力改革人力资源开发与管理中的弊端与不足。

大力拓展人力资源流动的渠道，为不同层次的劳动力提供不同的发展空间，对人才的选拔一定要有合适的标准，让每一个人都有出彩的机会，让每一位为国家与社会的发展做出贡献的人都得到社会应有的尊重。

加大力度改善人才发展环境，留住合适的人才。加大科研投入的力度，完善相关管理体制，营造良好的学术氛围，切实解决不同类型的人才的工作问题，尤其是对归国留学回来的人才的管理。政府更要发挥出应有的作用，提供高质量的服务，吸引更多的人才。

（四）实施海外人才引进战略

实施海外人才引进战略，吸引高层次的海外人才来中国创业，鼓励海外留学生回国工作，为我国的发展服务。不仅是留学生，还应吸引和留住国际人才，为我国的人力资源管理工作服务。

不断开拓吸引海外人才的渠道，不仅是国家、政府所提供的渠道，还要广泛拓展社会上的其他渠道，充分发挥社会群众与组织的力量，积极引进海外人才。

人才成长的背后是教育、科研等资源的投入。人才的需求也是我国教育、科研等资源的需求，如果不能加大对教育、科研等的投入，势必影响社会的创新与发展。世界上各个国家都在积极引进人才，我国更应该如此。我国的留学生数量一直都比较庞大，我们更应该利用好这一优势，争取更多的留学生回国发展。

二、塑造良好的企业文化

企业文化是企业在发展的过程中形成的具有企业特色的价值观念、行为准则、管理制度、企业形象等，每一个企业的文化都具有自己的特点，是企业内化的工作风格、经营理念、思想指导。企业文化的形成并非一朝一夕，需要企业在发展过程中进行培育与调整。塑造良好的企业文化需要把握以下几个方面的内容。

（一）完善薪资待遇机制

企业与员工之间的合作关系很大程度上是以利益为出发点的，可以说，企业的薪酬待遇是企业开展一系列工作的基础。企业的薪资待遇直接关系到员工的工作热情与执行能力。企业文化的形成离不开利益，有一部分人认为形成企业文化的目的是提升员工的思想觉悟，提高公司的凝聚力，虽然这些看法并不是一点道理都没有，但是问题的关键是企业要以怎样的方式落实，如果只是依靠口头教育或者培训显然是不可能的。

企业并不是为了宣传企业文化而存在的，企业的存在就是为了盈利。很显然，在企业的运行中抛开利益是不科学的，如果不能完善员工的薪资待遇，再好的企业文化也不可能留住人才。完善薪资待遇是稳定企业员工最有力的措施，只有这样才可以保障员工在工作的过程中发挥出主观能动性。

（二）营造良好的企业文化建设氛围

企业文化是企业在发展的过程中形成具有自己特色的文化，企业文化是在企业所有员工的努力下形成的。员工不仅能促进企业的发展，还在无形中造就了企业的文化，创造良好的企业文化氛围就需要坚持以人为本，做到尊重、理解、关心、爱护企业的员工。只有在良好的企业文化氛围中，员工才会产生认真工作的动力，否则员工的工作热情与工作效率是不会得到提升的。

（三）制度建设是保障

企业文化建设也是企业在发展中的一种模式管理。需要制度的保障，在此基础上形成企业精神，完善企业形象。企业制度建设作为企业管理的一项基础性工作，为企业文化的发展提供支撑。

企业制度建设是企业文化建设的重要表现，制度建设、企业精神、员工文化活动都是企业文化建设的重要表现，几方面相互作用、相互促进，共同致力于企业文化建设。制度建设可以有效地将员工文化活动与企业精神衔接起来，使企业所有员工都践行企业的制度。

企业文化可以提高员工的凝聚力，员工万众一心，共同致力于企业的目标的实现。企业员工的凝聚力关系到企业的运行与发展，没有凝聚力的企业在遇到困难的时候，员工只会选择离开，并不会与企业共同承担，企业文化的凝聚力就是企业目标的正确的选择。

三、提高企业管理者自身的素质

企业领导者作为企业的核心人物，其素质也关系到企业的形象与发展。当今的社会竞争并没有因社会的发展而消失与减退，企业的管理者承担着企业发展的重要责任，管理者的素质关系到企业的发展，对于企业管理者的要求只会越来越高。

企业的管理者应具备的素质有很多，主要有强烈的团队精神与群体意识、创新精神与创新意识等。

（一）强烈的团队精神与群体意识

管理者要管理的是一个团队，因而必须具备良好的团队精神，否则不会实现团队的目标。团队精神的培养是对管理者的基本要求，学会合作对于管理者是一个基本的要求。

很多时候管理失败就是因为管理者没有处理好下级员工的人际关系。团队精神要求管理者不能怀有唯我独尊的意识，员工虽然是自己的下属，但并不是自己的附属物，自己的命令员工有拒绝的权利，如果只是压迫员工，员工是不会尊重管理者的，工作效率也不会提升，因此，管理者必须尊重自己的下级，学会合作，这样的团队才会有竞争力。

（二）具有创新意识和创新精神

社会在进步，时代在发展，企业所面临的外部环境越来越复杂，众多的信息，不断更新的科学技术，企业领导者必须有创新精神，这样才可以根据社会的发展形势调整自己的规划。市场供求关系不断变化，竞争更是越来越激烈，不符合市场发展要求的自然会被淘汰。

社会形势并不是几个企业就可以扭转的，企业的领导者要深谙企业发展的规律，充分发挥创新能力，只有这样才可以在关键时刻做出正确的决定。企业的领导者必须有创新意识与创新精神。

提高管理者自身素质的方法有很多，目前看来最简单有效的办法就是进行培训，培训包括工作培训、外部培训和内部培训，具体内容如下。

1. 工作培训

为了在日后的发展中不被淘汰，企业必须提升管理者的能力与素质，有目的、有计划地对管理者进行培训，企业的被领导者必须了解企业的运行规律，拓宽自己的视野，不断改变思维，提高自己处理突发事务的能力。

2. 外部培训

如果企业内部没有合适的人才开展培训工作，就可以与社会上专业的培训机构合作，将管理者送入专门的培训机构进行系统的培训，提升管理者的专业能力，尤其是提升其理论修养。

3. 内部培训

企业内部可以选择有经验、有能力的高层人员进行短期培训，企业管理者必须参加，内部培训往往具有很强的针对性，可以在短时间内提升管理者特定的能力。

企业培训只是一种途径，并不是万能的。很多素质与能力也并不是在进入企业之后才形成的，更多的时候要依靠自己，尤其是企业的管理者，更要重视自己素养的提升，树立终身学习的理念，不断优化自己。

四、优化人力资源管理组织效能

为了提高人力资源管理职能的有效性，组织可以采取结构重组、流程再造、人力资源管理外包以及人力资源管理电子化等几种不同的方式。

（一）人力资源管理结构重组

传统的人力资源管理结构，主要围绕员工配置、培训、薪酬、绩效以及员工关系等人力资源管理的基本职能设定，是一种典型的按职能进行分工的形式。这种结构的优点是分工明确、职能清晰，缺点在于，这种结构形式下，人力资源部门只能了解组织内部全体员工某一个方面的情况，如员工所受过的培训或员工的薪酬水平、绩效状况等，但是对某一位员工，尤其是对核心员工的各种人力资源状况，缺乏整体性的了解，导致人力资源部门在吸引、留住、激励以及开发人才方面，为组织做出的贡献大打折扣；同时，由于人力资源管理的职能模块各行其是，人力资源管理职能之间的匹配性和一致性较差，无法满足战略性人力资源管理的内部契合性要求，从而使人力资源管理工作的整体有效性受到损害。因此，越来越多的组织认识到，传统的人力资源部门结构划分需要重新调整。

近年来，很多大公司都开始实施一种创新性的人力资源管理职能结构，这种结构的人力资源管理的基本职能被有效地划分为三个部分：专家中心、现场人力资源管理人员以及服务中心。

（1）专家中心通常由招募、甄选、培训及薪酬管理等传统人力资源领域中的职能专家组成，他们主要以顾问的身份来开发适用于组织的各种高水平人力资源管理体系和流程。

（2）现场人力资源管理人员由人力资源管理多面手组成，他们被分派到组织的各个业务部门，具有双重身份。他们既要向业务部门的直线领导者报告工作，又要向人力资源部门的领导报告工作。这些现场人力资源管理人员，主要承担两个方面的责任：一是帮助自己所服务的业务部门的直线管理者，从战略的高度来强化人的问题，解决作为服务对象的特定业务部门中出现的各类人力资源管理问题，相当于一个被外派到业务部门的准人力资源经理；二是确保人力资源管理决策能够在整个组织中得到全面、有效的执行，从而强化帮助组织贯彻执行战略的功能。

（3）服务中心的主要任务是，确保日常的事务性工作能够在整个组织中有效完成。在信息技术不断发展的情况下，服务中心能够非常有效地为员工提供服务。

这种组织结构安排，通过专业化的设置，改善了人力资源服务的过程，真正体现了以内部客户为导向的人力资源管理思路。专家中心的员工，可以不受事务性工作的干扰，专注于开发自己现有的职能性技能。现场人力资源管理人员，可以集中精力了解本业务部门的工作环境，不需要竭力维护自己在专业化职能领域中的专家形象。而服务中心的员工，则可以把主要精力放在为各业务部门提供基本的人力资源管理服务上。

此外，从激励和人员配备的角度来看，这种新型的人力资源部门结构设计方式也有其优点。过去，由于人力资源管理职能是按模块划分的，每一位人力资源管理专业人员都陷入了本职能模块必须完成的事务性工作中。尽管一些人力资源管理专业人员的工作，有一小部分需要较高水平的专业知识和技能才能完成，但是大部分属于日常事务性工作，导致一些人力资源管理工作者感觉工作内容枯燥，缺乏挑战性。新型的人力资源部门结构，根据工作内容的复杂性和难度，设计了三层次人力资源部门结构，可以让相当一部分人力资源管理专业人员摆脱日常事务性工作的束缚，集中精力做专业性的工作；同时，还可以让一部分高水平的人力资源管理工作者，完全摆脱事务性的工作，发挥他们在知识、经验和技能上的优势，重点研究组织在人力资源管理领域中存在的重大问题，从而为人力资源管理职能的战略转型和变革打下良好的基础。这无疑有助于组织的人力资源管理达到战略的高度，同时也有利于增强对高层次人力资源管理专业人员的工作激励。

这种新型的人力资源部门结构设置，已经在很多大型企业中得到有效实施。例如，在西门子公司，人力资源管理职能被分为三类。一是人力资源战略职能。它主要负责与大学的联络、人力资源管理工具的开发等，包括招聘、薪酬福利、领导艺术等方面的培训课程，以及人力资源政策的开发、法律事务等。二是人力资源咨询职能，即由人事顾问面向各业务部门的经理以及员工，做关于招聘、雇佣以及员工发展方面的咨询。三是事务性管理职能，主要负责日常工资发放、医疗保险、养老金上缴、档案管理、签证等方面的事务。这种组织结构设计的特点是，将第二种职能当作人力资源管理部门面向公司员工与经理人员的窗口，由一个工作人员负责多个部门；而第一种职能和第三种职能则是人事顾问的两大支柱。

（二）人力资源管理流程再造

流程是指一组能够一起为客户创造价值的相互关联的活动进程，是一个跨部门的业务行程。流程再造，也称"业务流程再造"，是指对企业的业务流程，尤其是关键或核心业务流程，进行根本的再思考和彻底的再设计。其目的是使这些工作流程的效率更高，生产出更好的产品或提高服务质量，同时更好地满足客户需求。虽然流程再造常常需要运用信息技术，但信息技术并不是流程再造的必要条件。从表面上看，流程再造只是对工作流程的改进，但实际上是对员工的工作方式和工作技能等方面都提出全新的挑战。因此，组织的业务流程再造过程，需要得到员工的配合，并需要员工做出相应的调整，否则很可能会以失败而告终。

流程再造的理论与实践，起源于20世纪80年代后期，当时的经营环境以客户、竞争以及快速变化等为特征，而流程再造正是企业为最大限度地适应这一时期的外部环境变化而实施的管理变革。它是在全面质量管理、精益生产、工作流程管理、工作团队管理、标杆管理等一系列管理理论和实践的基础上产生的，是发达国家在此前已经运行了100多年的专业分工细化及组织分层制的一次全面反思和大幅改进。

企业流程再造的一个经典案例，是美国的福特汽车公司。20 世纪 80 年代初，福特北美公司财务部的员工人数超过 500 人。当福特公司在获得了马自达汽车公司 25% 的股权后，发现马自达汽车公司的全部财会工作仅靠 5 名员工完成。考虑到公司规模，福特汽车公司财务部的员工人数，是马自达公司的 5 倍。尽管福特公司借助办公自动化，使财务部员工减少到 400 人，但仍然无法与马自达公司的人员精简程度相提并论。因此，福特公司着手进行流程再造。在采购付款流程方面，福特公司一直沿用传统，即先由采购部发送订单给供应商，同时将订单副本交给财务部；等到供应商将货物运抵福特汽车公司后，公司货物验收单位会详细登记收货情况，并将验收单转交给财务部；同时供应商也会将发票送交财务部；在财务部将三份与货物有关的文件（订单副本、验收单以及发票）收齐并核对无误后，即可如数付款。实施流程再造之后，采购部在将订单发给供应商的同时，将资料输入联网的数据库；当供应商将货物送到验收部门时，验收员通过电脑查询货物资料，若货物与数据库中的资料相吻合，则签收货物，并将有关资料输入数据库，数据库在接到货物验收信息后，便会提醒财务人员据此签发支票；若货物不符合订单要求，验收员会拒绝收货，将其退还给供应商。在新的流程中，财务人员不用再拿着发票核对订单和验收单。福特汽车公司实施流程再造后，只需 125 名财务人员就可以处理整个采购付款流程。

流程再造不仅可以对人力资源管理中的某些具体流程，如招募甄选、薪酬调整、员工离职手续办理等进行审查，也可以对某些特定的人力资源管理实践，如对绩效管理系统进行审查。在大量的信息系统运用于组织的人力资源管理实践的情况下，很多流程都需要进行优化和重新设计。在进行流程再造时，可以先由人力资源部门的员工对现有的流程进行记录、梳理和研究，然后由公司的高层管理人员、业务部门管理人员以及人力资源专业人员共同探讨，确定哪些流程有改进的必要。流程再造经常会用到人力资源管理方面的信息技术。大的人力资源管理软件以及共享数据库，为人力资源管理的流程再造提供了便利。流程再造以及新技术的应用，能够带来如简化书面记录工作、删减多余工作步骤、使手工流程自动化以及共享人力资源数据等多方面的好处，不仅可以使企业节约在人力资源管理方面花费的时间，还能降低成本，从而提高人力资源工作的效率以及有效性。

IBM 公司的经历，说明一个组织的人力资源专业部门，能够通过流程再造调整自己的职能履行水平，从而不断提升人力资源管理活动的效率，强化其对组织的贡献。1993 年，IBM 公司的人力资源管理职能是以区域为中心设置的，范围很大、很分散，在世界各地共雇佣了 3500 多名员工。IBM 公司在改革之初，先将人力资源部门减至 2000 人，后来为适应公司压低成本的要求，再次进行大规模整合。到 2000 年，只剩下位于北卡罗来纳州拉雷市的一个不到 100 人的集中部门。该中心通过电话、电子邮件、传真、自动应答软件，每年能够向 70 多万名 IBM 员工及其家庭成员提供帮助，处理 700 万件以上的事务。据报道，在这套系统运行 6 年左右的时间里，IBM 公司共节约了 1.8 亿美元的成本。与此同时，IBM 公司员工对于人力资源服务的满意度提高到了 90% 以上。

（三）人力资源管理外包

除了通过内部的努力来实现人力资源管理职能的优化，很多企业近年来还探讨了如何通过外包的方式，改善人力资源管理的系统、流程以及服务的有效性。外包通常是指一个组织与外部的专业承包商签订合同，让它们为组织提供某种产品或服务，而不是用自己的员工在本企业内部生产这种产品或提供服务。

很多组织选择将部分人力资源管理活动或服务外包，主要原因有以下四点。

（1）与组织成员自己完成可外包的工作内容相比，外部的专业化生产或服务提供商，能够以更低的成本提供某种产品或服务，从而使组织可以通过外包服务或产品降低生产或管理成本。

（2）外部的专业承包商有能力比组织自己更有效地完成某项工作。之所以出现这种情况，是因为这些外部服务提供者，通常是某一方面的专家。由于专业分工的优势，它们能够建立和培育一系列可以适用于多家企业的综合性专业知识、经验和技能，因此这些外部生产或服务承包商所提供的产品或服务的质量往往较高。但事实上，很多组织一开始都是出于效率方面的考虑，才寻求业务外包的。

（3）人力资源管理服务外包，有助于组织内部的人力资源管理工作者集中精力，做好对组织具有战略意义的人力资源管理工作，摆脱日常人力资源管理行政事务的困扰，从而使人力资源管理职能对于组织的战略实现，做出更大、更显著的贡献，真正进入战略性人力资源管理层次。

（4）有些组织将部分人力资源管理活动外包，是因为组织本身规模较小，没有能力自行完成相关的人力资源管理工作，只能从外部的专业化人力资源管理服务机构，获得某些特定的人力资源管理服务，如建立培训体系、设计培训课程等。

那么，哪些人力资源活动会被外包出去呢？最初，企业主要是将人力资源管理中的一些事务性工作外包出去，如招募和甄选的前期工作、一些常规性的培训项目、养老金和福利的管理等。现在，许多传统性人力资源管理活动，以及一些变革性人力资源管理活动，也开始被企业外包出去。有些企业甚至将人力资源管理中 50% ~ 60% 的成本和职责外包出去，只把招募高层管理人员和大学毕业生的工作，以及人力资源的战略管理工作，留在组织内部完成。人力资源管理活动的外包，可以帮助组织节约时间和成本，为组织提供最优的人力资源管理实践，改善组织为员工提供的各种人力资源管理服务的质量，使组织能够将精力集中在自己的核心经营活动上。但需要注意的是，走这种道路的公司，在将来也许会面临许多问题。这些问题主要表现在以下几个方面。

首先，成本节约在短期内可能不会实现。这是因为这些将人力资源业务外包出去的公司，不仅要设法处理好与外部伙伴之间的合作关系，还要重新思考战略性人力资源管理在公司内部扮演的角色。虽然将人力资源管理中的一些行政职能外包，可以使人力资源专业人员将更多的精力放到战略性人力资源管理活动上，但是企业中现有的人力资源专业人员可能并不具备做出战略贡献的能力。因此，企业还必须在提升现有人力资源专业人员的水平方面进行投资。其次，将人力资源管理业务外包的企业，可能会对某个单一外部服务提供者产生依赖，促使外部供应商提高服务成本。再次，组织和外部服务提供者可能会在由谁占据主导地位的问题上产生冲突。最后，人力资源管理外包，可能会向员工发出错误的信号，即员工可能会认为将大部分人力资源职能外包出去，意味着公司并不重视人的问题。

人力资源管理外包服务的上述潜在问题，提醒企业在实施人力资源管理服务外包的时候，必须充分考虑外包的成本和收益以及可能出现的各种问题。目前，我国出现了一批专业化的人力资源管理外包服务提供商，可以提供从人员招募甄选、员工培训、薪酬福利管理到外派员工管理、劳务派遣、劳动合同管理等各种人力资源管理外包服务。但是不同的企业，服务水平也参差不齐，企业在选择人力资源管理服务提供商的时候，要综合考虑其资质、服务能力、业务专业、未来服务的可持续性，并要就人力资源数据保密等问题签订相关的协议，以确保数据的安全以及保护员工隐私。

尽管人力资源管理服务外包存在上述问题，但人力资源外包的趋势并没有发生变化。这提醒组织内部的人力资源管理者，必须不断提升战略性人力资源管理方面的技能，否则，将来很可能会因自己所从事的工作被外包出去而失去工作岗位。

（四）电子化人力资源管理

在提升人力资源管理的效率和有效性方面，计算机、互联网以及相关的一系列新工具和新技术，发挥着非常重要的作用。不仅如此，信息技术的发展，还为人力资源管理职能朝战略和服务方向转型，提供了极大的便利。人力资源管理应用信息技术实际上经历了三个阶段：一是人力资源信息系统阶段；二是人力资源管理系统阶段；三是电子化人力资源管理阶段。

1. 人力资源信息系统阶段

人力资源信息系统，是在组织开展人力资源管理活动的过程中，对员工及其从事的工作等方面的信息，进行收集、保存、分析和报告的系统。人力资源信息系统，早期主要是对员工个人的基本情况、教育状况、技能、经验、所在岗位、薪酬等级，以及家庭住址、紧急联络人等基本信息加以整理和记录，后来逐渐扩展到出勤记录、薪酬计算、福利管理等基本人力资源管理功能方面。可以说，人力资源信息系统是一个人力资源管理辅助系统，也是一个基础性的人力资源管理决策支持系统，它可以随时为组织提供人力资源决策所需要的各项基础数据以及基本的统计分析功能。随着计算机的普及，基本上所有的企业都采用了人力资源信息系统。

对于大企业来说，由于员工人数众多，数据量较大，需要的计算和统计以及查询的人力资源信息非常多，利用计算机存储人力资源信息显然更是必然的。在人力资源信息系统中，有一个关联性数据库，即将相关的人力资源信息存储在不同的文件中，但是这些文件可以通过某些共性要素或字段（比如姓名、员工号、身份证号码等）连接在一起。例如，员工的个人信息与薪酬福利信息及培训开发信息保存在不同的文件中，通过员工姓名将不同文件中的信息联系在一起，在进行人力资源管理活动时，就可以随时取用和合并相互独立的员工信息资料。

2. 人力资源管理系统阶段

人力资源管理系统从人力资源信息系统上发展而来，这种系统在传统的人事信息管理模块、员工考勤模块以及薪酬福利管理模块等一般性人力资源管理事务处理系统的基础上不断扩展，涵盖了职位管理系统、员工招募甄选系统、培训管理系统、绩效管理系统、员工职业生涯规划系统等几乎所有人力资源管理的职能模块。此外，人力资源管理系统以互联网为依托，属于互联网时代的人力资源管理信息系统。从科学的人力资源管理角度出发，它从企业的人力资源规划开始，包括个人基本信息、招募甄选、职位管理、培训开发、绩效管理、薪酬福利管理、休假管理、入职离职管理等基本的人力资源管理内容，能够使组织的人力资源管理人员从烦琐的日常工作中解脱出来，将精力放在更富有挑战性和创造性的人力资源管理活动上，如分析、规划、员工激励以及战略执行等工作。

总体来说，人力资源管理系统，除了具有人力资源信息系统的日常事务处理功能，还增加了决策指导系统和专家系统。首先，日常事务处理系统是指在审查和记录人力资源管理决策与实践时需要用到的一些计算和运算，包括对员工工作地点的调整、培训经费的使用、课程注册等方面的记录以及填写各种标准化的报告。其次，决策支持系统主要用来帮助管理人员针对相对复杂的人力资源管理问题提供解决方案。这个系统常常包括"如果……那么……"这一类句式，使该系统的使用者可以看到，当假设或数据发生改变时，结果会出现怎样的变化。例如，当企业需要根据人员流动率或劳动力市场上某种类型的劳动力的供给量，决定需要雇用多少位新员工时，决策支持系统就能给企业提供很大的帮助。最后，专家系统是通过整合某一领域中具有较丰富专业知识和经验的人所遵循的决策规则，形成的计算机系统。这一系统能够根据使用者提供的信息，向他们提出比较具体的行动建议。该系统所提供的行动建议，往往都是现实中的人力资源专家在类似的情形下可能会采取的行动。例如，在与一位员工进行绩效面谈时，如果员工情绪激动或者不认可领导做出的绩效评价结果，那么专家系统就会为主持面谈的管理者提供适当的解决方案。

3. 电子化人力资源管理阶段

电子化人力资源管理，是指基于先进的软件、网络新技术以及高速且容量大的硬件，借助集中式的信息库、自动处理信息、员工自助服务以及服务共享等方式，实施人力资源管理的一种新型人力资源管理实践。它能够起到降低成本、提高效率以及改进员工服务模式的作用。总体来说，电子化人力资源管理，实际上是一种电子商务时代的人力资源管理综合解决方案。它包含"电子商务""互联网""人力资源管理业务流程再造""以客户为导向""全面人力资源管理"等核心理念，综合利用互动式语音技术、国际互联网、客户服务器系统、关联型数据库、成像技术、专业软件开发、可读光盘存储器技术、激光视盘技术、呼叫中心、多媒体、各种终端设备等信息手段和信息技术，极大地方便了人力资源管理工作的开展。同时，它为各级管理者和广大员工参与人力资源管理工作以及享受人力资源服务提供了极大便利。人力资源信息系统、人力资源管理系统，只是电子化人力资源管理得以实现和运行的软件平台和信息平台。这些平台在集成之后，以门户的形式表现出来，再与外部人力资源服务提供商共同构成电子商务网络，如电子化学习系统、电子化招募系统、在线甄选系统、在线人力资源开发系统、在线薪酬管理系统等。

从电子商务的角度来讲，电子化人力资源管理包括通过网络平台和电子化手段处理的三大类关系：企业与员工之间的关系、企业与企业之间的关系以及企业与政府之间的关系。首先是从企业到客户的人力资源管理。在人力资源管理领域，"客户"是指包括各级管理者和普通员工在内的"雇员"，从而将人力资源管理演变成了从企业到雇员的管理，这与在企业人力资源管理和开发活动中，将员工视为活动指向的客户的观点是一致的。电子化管理，可以通过网上的互动完成相关人力资源事务的处理或交易，使员工可以像客户一样从网络上获得人力资源部门提供的产品和服务。其次是从企业到企业的人力资源管理。其中一个企业是指组织，另一个企业是指外部人力资源管理服务提供商，即组织可以通过电子化人力资源管理平台，以在线的方式从专业化的外部人力资源管理服务提供商，如咨询公司、各类招聘网站、电子化学习服务提供商处，购买各类人力资源管理服务。最后是从企业到政府的人力资源管理。电子化人力资源管理可以帮助企业处理与政府、与劳动力市场以及劳资关系和社会保障等事务的主管部门发生的业务往来，将原来通过书面或人工方式实现的往来业务转移到网上自动处理，如各项劳动保险的办理、劳动合同和集体合同的审查等。

总的来说，电子化人力资源管理可以给组织带来以下四个方面的好处。

（1）提高人力资源管理的效率以及节约管理成本。与传统手工操作的人力资源管理相比，电子化人力资源管理的效率显然要高得多。电子化人力资源管理，是一种基于互联网和内联网的人力资源管理系统，公司的各种政策、制度、通知等都可以通过网络渠道发布；很多日常人力资源管理事务，如薪酬的计算发放、所得税的扣缴以及各种人力资源报表的制作等，都可以通过系统自动完成；员工和各级管理人员，也可以通过系统自主查询自己需要的各种人力资源信息，或者自行注册，获得自己希望得到的各种人力资源服务（比如希望参与的培训项目或希望享受的福利计划等）。与此同时，人力资源管理活动或服务，所占用的组织人员数量和工作时间大幅减少，管理成本也大幅降低。尤其是那些员工分散在全球各地的全球性或国际化企业，可以大幅节约人力成本和管理成本。

（2）提高人力资源管理活动的标准化和规范化水平。电子化人力资源管理通常是对数据进行集中式管理，将统一的数据库放在客户服务器上，然后通过全面的网络工作模式实现信息全面共享。这样一来，得到授权的客户，就可以随时随地接触和调用数据库中的信息。此外，在电子化人力资源管理中，很多人力资源管理实践是建立在标准的业务流程基础上的，它要求使用者的个人习惯服从于组织的统一管理规范，这对实现人力资源管理行为的一致性非常有帮助。这种信息存储和使用模式，不仅可以使人力资源管理活动和服务跨时间、跨地域，也能够确保整个组织的人力资源管理信息和管理过程的规范性、一致性，同时还提升了人力资源管理工作的透明度和客观性，有助于避免组织因为个人的因素陷入法律诉讼，确保公平公正，提升员工的组织信任度和工作满意度。

（3）彻底改变人力资源部门和人力资源专业人员的工作重心。在传统的人力资源管理方式下，人力资源部门和人力资源专业人员做的最多的是行政事务性工作，其次是职能管理类工作，而在战略性工作方面花费的时间很少。在电子化人力资源管理的环境下，人力资源工作者将工作重心放在为企业提供人力资源管理咨询服务上，而行政事务性工作被电子化、自动化的管理流程取代，甚至过去大量的数据维护工作，也可以在授权后由直线经理与员工分散完成。电子化人力资源管理推动了人力资源职能的变革，使人力资源部门和人力资源管理工作者能够真正从烦琐的日常行政事务中解脱出来，使他们从简单的人力资源信息和日常性人力资源服务的提供者，转变为人力资源管理的知识和解决方案的提供者，能够随时随地为领导层和管理层提供决策支持，促使他们对组织最为稀缺的战略性资源，即各类人才给予更为全面的关注。电子化人力资源管理，能够为人力资源管理专家提供有力的分析工具和可行的建议，帮助人力资源部门建立积累知识和管理经验的体系，还有助于提升人力资源部门和人力资源专业人员的专业能力和战略层次，增强他们为组织做贡献的能力，从而使其他组织成员对他们给予重视，促使他们名副其实地进入战略伙伴的角色。

（4）强化领导者和各级管理者的人力资源管理责任，促使全员参与人力资源管理活动。首先，虽然电子化人力资源管理使人力资源管理过程更加标准与简便，但是除了建立人力资源管理体系，人力资源管理活动，监控管理过程的汇总、分析管理结果等工作，仍然需要人力资源部门统一完成，具体的人力资源管理活动会越来越多地委托给直线管理人员。直线经理可在授权范围内，在线查看所有下属员工的人事信息，更改员工的考勤信息，向人力资源部门提交招聘或培训等方面的计划，对员工提出的转正、培训、请假、休假、离职等申请进行审批，并且能够以在线方式对员工的绩效计划、绩效执行以及绩效评价和改进等绩效管理过程加以管理。

其次，组织领导者可以通过电子化人力资源管理平台，查询人力资源信息和人力资源指标变化情况，还可以通过平台做出决策。具体来说，领导者不仅可以在某项人力资源管理活动流程到达自己这里的时候，通过电子化人力资源管理平台直接在网上（在离开办公室的情况下可以利用智能手机）进行处理；也可以在不依赖人力资源部门的情况下，自助获知组织的人力资源状况，并进行实时监控；还可以获得如做出决策所需要的人力资源指标变动情况等各项信息。电子化人力资源平台，可以使领导者和管理者越来越直接地参与到人力资源管理的各项决策以及政策的实施过程中。

最后，员工也可以利用电子化人力资源管理平台，在线查看组织制定的各项规章制度、组织结构、岗位职责、业务流程、内部招募公告、个人的各种人事信息、薪酬的历史与现状、福利申请及享受情况、考勤休假情况，注册或参加组织内部培训课程，以及提交请假或休假申请。此外，员工还可以在得到授权的情况下，自行修改个人信息数据，填报个人绩效计划和绩效总结，以及与人力资源部门进行沟通和交流等。

正是由于上述四大优势，电子化人力资源管理这种能够适应以网络化、信息化、知识化和全球化为特征的新环境的人力资源管理模式，才成为当今企业人力资源管理领域的一个重要发展趋势。近年来，我国很多企业逐步构建和完善了电子化人力资源管理系统。此外，我国市场上也出现了不少电子化人力资源管理服务供应商，用友、金蝶等大型软件供应商，也在原来的人力资源管理系统的基础上，纷纷开发出综合性的电子化人力资源管理信息平台。可以预见，电子化人力资源管理在我国企业中的普及速度会越来越快，也必将有越来越多的企业从中受益。

第四章

人力资源大数据的分析及创新应用

第一节　人力资源大数据分析概述

一、人力资源大数据分析

（一）数据思维习惯

人力资源部门在工作及行动之前，要习惯于在分析问题上花一定的时间。如果人力资源部门已经收集了历史数据（描述性分析），并且用这些数据来分析未来会发生什么（预测性分析），然后设计一套方案去解决之前存在的问题，很有可能之前的问题就不会再出现（处方性分析）。这是一种有效的管理方式，能够使管理者集中精力有效地把组织向前推进，而不是无限地重复过去。

（二）分析的三个层次

预测性分析的出现为组织管理潜力的提升提供了强有力的工具。分析是艺术和科学的结合，艺术教会我们如何感知世界，科学教会我们如何做好事情。提到分析，人们会自然而然地联想到统计学，但这并不准确。在数据分析中，统计学确实起到了重要作用，但是这些作用是在我们充分理解了问题内部的各个元素及其相互作用和关系之后才开始产生的。分析首先应该是建立思想框架和逻辑的过程，其次才是一系列的统计操作。

信息的交流和汇集对人力资源或者人力资本分析至关重要，这需要相互分离的数据源，尤其是活动数据，包括调查数据、公司历史数据、管理数据等，有了这些数据才能去完成尽可能完整的现在和未来公司面貌的拼图。这一过程有利于公司做出更好的决策，并在实际应用中得到验证。分析可以分为描述性分析、预测性分析、处方性分析三个层次。

1. 描述性分析

传统的人力资源矩阵包含了相对全面的数据信息，如员工流动率、岗位空缺时间、招聘成本、雇员人数和培训人数等。描述性人力资源分析描述了不同因素之间的关系和历史数据所包含的模式。这是一切分析的基础，包括仪表盘、计分卡、劳动力分布、基本模式的数据挖掘和周期报告。

2. 预测性分析

预测性分析利用大数据挖掘、复杂算法和建模等技巧，从现有数据推导出未来趋势，实现预测功能，分析结果一般以概率呈现。例如，预测性分析通过建模来提高雇用、培训和提拔正确员工的概率。

3. 处方性分析

处方性分析通过分析复杂的数据来预测结果，提供决策选项并展示其他的商业影响，如组织优化、业务发展等。

总体上讲，分析过程包括从简单的人力资源矩阵报告到对商业应用的处方性分析。虽然金融资本（现金）和经济资本（无形资产）是商业的血液，但是一切商业的经营和运作最终都要人来执行。

（三）分析的两种价值

对企业来说，最根本的管理问题是如何才能有效地管理人才。相较于有形资产，人的行为更加复杂和难以预测。这种不确定性使很多管理人员更关注有形资产，但最终公司需要通过员工的劳动来创造价值。

大数据分析是为了更好地挖掘隐藏的价值。这些价值体现为两种形式：经济价值和金融价值。经济价值包括大量非现金的物品和流程，如市场知名度、顾客满意度等表外项目资产，但它们最终会转化为金融价值。金融价值包括现金、股票与债券等流动性资源，这些都包括在收益表和资产负债表内。

分析人力资源的价值主要体现以下几个方面：监控企业的状态；辨别需要重点关注的部门；发现影响企业的关键因素；预测劳动力水平；研究员工为什么选择留下或离开；使员工不断适应商业环境的变化。

（四）分析的作用

数据分为结构化数据和非结构化数据两类。金融数据大多是结构化的，而经济数据和无形资产数据主要是非结构化的。工业革命以来，我们一直在关注结构化数据：成本、运营周期、产量等。但是根据 IBM 的研究，现在至少 80% 的数据是非结构化的，包括图片、音频和视频等。随着社交网络的爆炸性增长，非结构化数据还会持续增长。而且，结构化数据和非结构化数据正在相互融合而成为混合型数据。混合型数据是未来分析的关键，同时使分析过程变得更加复杂。这也是为什么分析是必不可少的。当我们面对复杂的混合型数据时，只有通过逻辑考证和统计研究才能透过现象看到本质。

和金融与市场领域一样，人力资源领域也一直在发生着变化，劳动力供给和成本、技能培训和领导力等都随着市场和商业需求的变化在持续地发生着变化，市场的变化、竞争对手的行为、新技术的出现等都可能导致上一年的招聘策略不再有效。随着经济的发展，获得和留住具有核心技能的人才变得越来越困难。这些挑战都需要我们运用分析来优化人力资源管理。

（五）分析的价值链

经济和金融价值需要从一系列相关联的活动中获得。在现实中，这些活动像交流电一样在公司的战略规划和运营执行之间往返。战略管理链条开始于公司顶层的战略规划，需要回答的核心问题是如何创造收入。这个问题对所有的公司都适用，每个公司又有不同的答案。公司要获得持续的繁荣需要在投入资源之前尽可能地熟悉市场，这其中包括客户、竞争者、科技、政府政策、经济环境、劳动力市场及其他宏观条件。

管理能力也是企业的内化能力，包括企业的视野、领导力、品牌、文化、金融实力和员工能力等。根据双向评估结果，公司拟订计划通过产品和服务来满足客户的需求，下一步就是根据客户的需求和反馈进行实际的产品设计和生产。以上的公司运营都要靠人力资源来实现。

接下来，价值链将从计划层面转向执行层面。如果没有合适的人执行，计划将只是空谈。从这个角度来看，人力资源分析的目的在于发现劳动力管理的最有效方法、优化员工表现和留住人才。因此，人力资源部门有责任在招聘、薪酬、激励和维持人才等方面为运营主管提供支持。

分析本质上是一种可以用来发现机遇、解决问题和预测投入产出的管理工具。和其他工具一样，能否被正确地使用和是否是一个好工具是两个不同的问题。而核心还是使用分析工具的人。

二、人力资源大数据分析模型

大数据分析可分为三个方面，共五个步骤。三个方面为描述性分析、预测性分析和处方性分析，五个步骤为组织、展现、关联、建模和评估。组织是将数据收集到数据库中并验证准确性，此时的数据是等待被应用的静态数据。展现指按类别显示数据，寻找明显的关联性和趋势（非预测），仪表盘和报告显示成本、时间和数量等信息，这是预测性和处方性分析的基础。关联指寻找对组织有影响力的外部和内部力量，显示人际、结构和关系数据之间的交互作用，为单纯的绩效改进提供支持。建模是设计预测性的实验，将人、政策、流程与绩效联系在一起，通过描述所期望的模式来展现所发现的相关性或因果关系，可以用于理解复杂交互和相互依赖的可测试假设。评估是用统计学或其他方法来验证预测模型的有效性和实用性，记录经济和金融方面获得的价值，显示出提高所有股东价值的最高和最低值的变化曲线。

（一）提出问题

分析并不是漫无目的地统计分析，所有分析的第一步都是提出问题。问题是分析的导向，解决问题是检验分析成果的唯一标准，每一次分析都要聚焦到具体问题上。

（二）组织

第二步是收集和组织信息，即组织人力资源数据。这一步原来很困难，因为大部分企业从建立到完善，都是先拥有研发部门、财务部门、产品和市场部门这些核心部门的信息系统，人力资源部门完善得较晚。大约在 1970 年后，人力资源信息系统和数据库才进入市场，之后陆续增加了保险、福利系统，而后是职业培训系统。但是这些信息系统大多独立存在，只能存储、更新本部门的数据，没有什么高级分析功能，无法进行跨部门或外界市场数据的分析。因此，如今建立人力资源分析系统虽然成本高、耗时耗力，但又是必要的。原有的信息系统再也不能满足当代喷发式人才市场中人力资源管理和配置的需要。

（三）展现

收集、整理完数据后，就要展现和查看了，现在企业一般用仪表盘来呈现人力资源的各项数据。仪表盘有快速聚焦关键数据、发现异常数据和数据关联等显著优点。但是，它依然属于描述性数据，体现了过去的状态和目前的趋势。至于趋势能否延续到未来，取决于环境条件和未来假设是否改变。

（四）关联

这一步是关注同类异源或异类数据之间的关系。前者是指比较本公司和其他公司的数据，一般是同行业的公司，如国内的竞争对手或其他国家的先进榜样。后者是比较不同类型数据之间的关系，如组织资本有人力资本、结构化资本、关系化资本三种。人力资本是公司的全体职工；结构化资本是公司的资产，包括设备、产品、专利、软件等；关系化资本指公司的关系网络，包括内部关系和外部连接。组织资本之间的关系如表 4-1 所示，一种类型的资产发生变化会影响其他类型的资产。

表 4-1　组织资本之间的关系

驱动		组织资本之间的反应
外部因素	经济增速减缓 技术劳工短缺	人力资本→结构化资本→关系化资本 减少劳动力，廉价销售不动产，留住客户 开发新技能，转变管理风格，寻找新的加盟方

驱动		组织资本之间的反应
	技术进步 客户投诉 新竞争对手的产品 政府行为	增加培训，投资新设备，重建供应商关系 聚焦服务，改造实体店，降低流失率 告知员工加速研发，加快产品上市时间 新的福利规定，生产使用绿色产品
内部因素	新公司愿景 领导职位空缺 文化 品牌 资产	向员工解释，发布新标识广告 加快发展，扩大控制范围，实施评估 开始变革，重新设计工作流程，提升服务文化 定义员工，改善服务，发展新的供应商关系

（五）建模

分析在这一步开始从描述性上升到预测性。利用之前的历史数据和关联分析，可以建立相关模型。例如，建立领导力模型，以对应什么才算领导力、如何培养领导力等问题。

（六）评估

在上一步理论建模的基础上，可以将实际情况与模型进行关联对比，找到实际最优对象，或考察事件发生概率，或明确调整的方向，进而确定相应的执行措施。例如，领导力模型的应用，是考察对象缺失领导力的哪些指标，作为接下来重点培训的内容。

建模是为了预测，执行预测后需对预测结果进行评估、验证。评估、反馈、优化、再测试、再评估可以是一个循环的过程。

（七）典型应用：员工流失分析

对员工流失率的研究是数据分析应用得最多的方面之一，因为分析所需要的数据都在人力资源的数据库中。员工信息包含原始信息，如入职时间、绩效报告、状态改变和离职时间等，这些数据可以用来研究员工留下或是离职的原因，但是鲜有研究人员对员工流失率对公司的商业影响进行深入的研究。

利·布拉纳姆（Leigh Branham）一直致力于员工保留率的研究。他把员工的离职原因归为 67 类。其中，因为个人原因的离职无法预防，例如，重新回学校学习或者家庭迁走等。不过有 57 种原因是可以预防的。利·布拉纳姆还指出，如果员工有四方面的需求没有得到满足，其离职的可能性就会增加。这四方面的需求是信任、希望、付出得到回报和能力得到认可。利·布拉纳姆进一步提出了相互独立的七大离职原因，内容如下。

（1）岗位或职场离预期太远；

（2）员工与岗位不匹配；

（3）对员工的指导和反馈严重缺失；

（4）发展与晋升机会太少；

（5）感觉未得到重视和认可；

（6）因工作过度和工作与生活失衡承受了巨大压力；

（7）对高层领导失去信任和信心。

（八）关于数据分析的两个重要原则

重视数据标准和无形资产是关于数据分析的两个非常重要的原则。会计学设计了一整套标准去规范财务数据。如果没有统一的标准，财务报表将变得混乱和无法理解。最终，全球会统一使用一套会计学标准。人力资源迄今为止还没有一套统一的标准。但是建立一套行业标准确实至关重要。20 世纪 80 年代中期以来，人们已经掌握了人力资源管理过程中"有形"的部分，如招聘和培训的花费、薪酬、人力成本等。领导力、工作意愿、投入程度、企业文化、责任心、忠诚度、公司品牌是人力资源的无形资产，现在应该更加关注"无形"的部分，对"无形"部分的优化能够为公司持续地创造价值。

三、人力资源大数据分析路径

利用大数据进行分析先要明确目标，即向上层汇报什么问题；接着通过大数据挖掘获得一系列相关数据，如人员的社交行为、购买行为、文娱行为、经济状况、身体状况、信用状况、位置信息等；再通过关联、建模来分析过去的事件、背后的原因和发展趋势，对未来做出一定预测，为决策层判断、预防和干涉提供条件。然而实际操作数据时会遇到一系列问题，这里就数据的处理流程简单进行讨论。

（一）数据的来源

一直以来，数据的采集是较为困难的一步。随着人力资源信息系统、IT 部门提供的技术和人力资源共享服务中心的发展，数据获取有了一定的操作空间。但是如何找到正确的数据源提供方，以合理的方式获取数据仍是一大难题。

首先，大部分公司的人力资源信息系统由 IT 部门部署，所以可以从人力资源部门或 IT 部门获取特定公司的人力资源信息。但是，眼下大部分公司的信息系统还未形成内部贯通的人力资源整合体系，更多人力资源数据还零零散散地分布在其他系统中，没能有效利用起来。

其次，不同公司信息系统的成熟度有差异。较成熟的公司能随时更新、汇总、调用其各项数据，不那么成熟的公司可能在数据归档、分类、查找的某个环节有一定困难，更不成熟的公司则连核心绩效的统计和记录都不完整。

此外，除了信息源客观上的分享困难，还有主观意愿上的困难。很多时候数据拥有方并不愿意分享数据。其原因是多样的，如保护用户的隐私（如身份、收入情况、健康情况等），或者公司的保密协定，或者是法律、政策规定下的敏感数据等。对于此种情况，则需要寻求高层的支持，来推动数据分享，甚至有待于数据共享规章的建立和完善。但就实际状况来说，这类数据资源能被获取的十分有限，包括开采需要花费的额外成本。所以在收集数据时，要对各类数据的获取风险、难度和成本有一个综合考量，但在建模初期只需要一定量的样本就够了，模型建成后还能不断充实数据样本来调试。

（二）数据的处理

总体上，数据的处理分为四个步骤：描述、解释、预测、优化。

1. 描述

一般采用简洁明了的统计词汇（如频数、平均值、标准差等）来描述公司的人力资源状况，常见的有平均薪资、请假人数和天数、产值变化幅度等。或者使用统一分类来囊括多项指标，如将绩效分为 A、B、C、D 四级，便于管理者直观地了解员工总体绩效。

2. 解释

将数据展示出来后就需要分析、解释，探究数据之间的关系、出现异常数据的原因等。例如，某岗位序列上的职工技能有高低之差，而他们的技能水平和绩效水平呈正相关。

然而，很多时候暴露出的问题比表面所见复杂得多，如果不挖掘背后各项因素的关联就无法解释。例如，关于人员流失率高的问题，我们需要一步步考察：流失率较往年同比涨幅是多少？哪一类员工流失率高？处在什么职级？为什么离开？有什么影响？有哪些离职因素是可以人为控制的，哪些影响是可以人为缓解的？进而把降低人员流失率这个抽象目标分化为一些可以具体执行的小目标，如加强对员工的关怀、优化管理、降低成本等。纳入数据运算的指标可能很多，包括人力资源情况、运营情况、顾客状况、政策法规、天气环境等，如果目标不明确、逻辑层次不清晰，则很容易迷失在数据的海洋中，浪费了时间精力而事倍功半。

3. 预测

利用一些统计算法和综合建模，可以有被预测未来。常见的算法有方差分析、相关性分析和回归分析等。方差分析是查看不同对象与标准值的偏差程度，如薪资波动幅度、请假率波动幅度等。相关性和回归分析则是探究不同变量之间的关联程度，如公司运营状况与员工离职率之间的关系。

4. 优化

建立预测模型后，就要通过实测检验来调优。例如，对于优秀绩效模型，在控制一个或多个应变量的前提下，改变自变量，或反之，检验预测结果是否符合实际，再根据反馈来增减应变量。完善绩效模型的同时，公司也能明确调整哪些客观因素有利于提高整体绩效水平。

优化和调控的方式多种多样。比如：员工培训的预算减少了，但是目标没有改变，每年培训 × 名员工，在为期一个月的培训中让员工熟练掌握所需技能。在这种情况下，效率就受到了影响。员工培训负责人需要根据预算来调整课程内容。这可以通过增加低成本的在线课程或减少昂贵课程来实现。这种改变可能导致员工培训参与度降低，因为培训过程中面对面的交流减少了，课程数量的减少可能导致培训质量的下降。这些结果都需要实践数据的反馈。

（三）数据的格式

数据用以保存、传输和运算的格式有很多，而且在不断增加，常见的有CSV、HR-XML、HTML、MSAccess、MSExcel、SQL、SPSS、TEXT、XML 等。人力资源信息系统一般使用 SQL 来存储数据，HR 专业人士则采用 MSAccess 和MSExcel 来编辑、操作数据。多种多样的数据类型要求使用方有整合各种格式的信息系统和专业能力。

（四）数据的质量

数据的质量关系到数据分析结果的准确性。因此在分析数据前，需要检查是否有数据缺失和数据错误等问题。

首先，要检查数据集的完整性。如果缺失数据的比例较小，对分析结果的影响小，可以忽略不计，但如果缺失的比例较大，则应该将数据集不全的变量删去，暂不分析该变量的影响，另外对大面积缺失的原因加以调查。

其次，要重点关注数据错误的情况。数据错误包括但不限于录入错误、拼写错误、排列错误、数据库错误和系统性错误。前两种较为常见，通过文档自检和测误软件能筛查出一部分，而且拼写错误的容错率较高，多数时候不影响数据分析结果。排列错误是整合数据时，由于变换了表单结构而导致的条目错位。数据库错误是导出数据时由于格式问题、识别问题、运算差错等导致的报错；包括分析过程中的其他系统性错误，当个人无法修正时，应向 IT 部门寻求帮助。

（五）数据的分析

1. 数据采集

数据采集就是前文提到的数据获取和数据净化，难点在于打破获取壁垒。一方面，需要打破人力资源部门、IT 部门、财务部门和人力资源共享服务中心等部门的信息壁垒，另一方面，要打破招聘、试用、培训、绩效考核等各个环节的信息壁垒，多方采集。获取数据之后进行基本的失误排查，以确保数据的有效性。

2. 报表制作

将前一步获得的数据整理制作成一系列报表，如入职信息表、在职信息表、离职信息表、各序列员工人数表、薪酬明细表等。有的报表可以直接从 e-HR 系统中导出，有的需要二次汇总、加工等。

3. 指标体系和仪表盘搭建

制成报表后，从基础报表中提取相关指标，建立人力资源指标体系。例如，人力资源指标分为组织概况、入职状况、人力现状、离职状况、关键人才、销售状况六大类。其中组织概况包括总人数、各部门平均工资和绩效、各职级人数占比、离职率等指标；入职状况包括任职人数、职能分布、薪资分布等指标；人力现状包括在职人数、结构分布、晋升分布等；离职状况包括离职人数、部门分布、流动方向、离职原因等；关键人才包括业绩、薪资变化幅度、流动历史等；销售状况包括效能分布、单量变化、负反馈分布等。

搭建仪表盘后，根据审查目的，从不同分析维度、层次去提取仪表盘中各图表的关键信息。分析维度有年龄司龄、层级序列、员工类型、绩效分档、渠道原因等。

4. 数据可视化

数据可视化可以使统计结果更加生动形象，借助图形，甚至动态模型，表现出数据与数据之间的多维关联，将复杂信息清晰直观地呈现出来，会更有利于观众记忆。

5. 主体分析

主体分析需要人力资源部门在数据资料的基础上，对主体对象进行高级的人工分析考察。主体分析有确认型分析、聚类型分析和关联型分析三类。确认型即前后验证，如新员工入职后的工作表现是否符合之前的面试成绩；聚类型即概括归类，如晋升速度快的员工有哪些共性、哪一类招聘源的人才工作表现最好；

关联型即在多个指标之间寻找关联，如哪类员工在哪个阶段会遇到发展瓶颈等。

总体来说，大数据预测分为三层。大数据预测技术，打个比方，就像医院的化验一样，做血常规和做核磁，虽然呈现的形式不一样，但无论化验单上的数字反映是"＋"号还是"－"号，指标上升还是下降，图谱正常还是异常，其目的都相同，就是找出"病根""病因"，对症下药，才能药到病除。

第一层：HRBP（人力资源业务合作伙伴）就相当于医生，拿到大数据预测报告后，结合自己掌握的员工实际情况，开出"处方"。

第二层：建立员工标签体系，分为官方标签（人力资源部门、主管赋予的标签以及员工获得的奖惩），民间标签（互评），隐形标签（大数据分析行为得到的）。大数据技术与标签体系相结合，直接给 HRBP 输出建议报告（"处方"）。

第三层：建立神经网络体系，利用人工智能，在合规合理的范围内，建立全面人才数据分析模型以及决策支持系统，直接开出"处方"。

四、人力资源大数据指标体系

在数据分析的前期准备工作中，统筹整理是一大难题。从大量杂乱、分散的信息中抽取有效成分，作为高级算法分析的基础，是需要重视的任务。就人力资源数据管理而言，75% 的人力资源部门没有使用人力资源矩阵等理论工具，对数据实施系统化、规范化的分类和采集。只有前期设定整齐、全面的标签门类，后期的归类、抽调、增减等机器操作才能事半功倍。下面以人力资源指标体系的建立为例，详细谈谈如何由粗到细地设定指标。

（一）人才管理指标体系

人才管理指标体系分为人员结构、人才队伍、人员状态和人员职能四类。

1. 人员结构

人员结构方面的指标包括员工总人数、正式员工人数、实习员工人数、人员齐备率、重点人才占比、离职率、年龄分布、学历分布、职位分布以及各项人数、占比的年度变化趋势等。

2. 人才队伍

人才队伍方面的指标包括人才储备的完整率，储备人员的年龄、性别、学历、绩效分布，兼职合同人员占比以及合同续签率等。

3. 人员状态

人员状态方面的指标包括健康状况、婚姻状况、专业水平、特长爱好、地区位置、适岗指数、离职概率等。

4. 人员职能

职能类别体系包含专业序列、管理序列、营销序列、支持序列，相关指标包括各序列人员分布、重点人才人数分布等。不同公司的具体职能序列根据行业、公司的性质而定。

（二）人才运营指标体系

人才运营指标体系分为招聘、培训、绩效、薪酬和离职五个分系。

1. 人力资源运营管理指标体系 —— 招聘

招聘方面的指标较为丰富，包括招聘成本、招聘渠道、招聘类型、招岗数量、简历总数、简历筛选指标、内推指标、招聘渠道有效性和招聘人才有效性等。

2. 人力资源运营管理指标体系 —— 培训

培训方面的指标主要包括培训需求分布、讲师队伍结构、培训费用总额、人均培训费用、培训费用占薪资的比重等，其适用场景及获得方式详见表4-2。

表 4-2　人力资源运营管理指标体系培训

模块	指标	指标适用场景	获得方式
培训	年度培训费用预算	反映年初公司对培训的费用预算	统计
	平均学习时长	反映员工的学习平均时长	员工在年度学堂上的学习时间总和 ÷ 在年度学堂上学习的总人数
	培训需求分布	反映员工培训的不同需求点，培训需求分布指标可以指导以后的培训内容安排	调查问卷
	年度外聘讲师队伍结构	反映外聘讲师队伍的多样化	统计

续表

模块	指标	指标适用场景	获得方式
培训	内部讲师队伍结构	反映内部讲师队伍的多样化	统计
	培训费用总额	反映年度内公司员工培训的总支出	统计
	人均培训费用	反映公司为每个员工支付的培训费用	年度培训费用总额 ÷ 年度平均在职人数
	培训费用占薪资的比重	反映年度培训费用占年度薪资总额的比重	年度培训费用 ÷ 年度薪资总额
	人均培训次数	反映年度内员工所接受的平均培训次数	年度内员工参加培训总数 ÷ 年度平均在职人数

3. 人力资源运营管理指标体系 —— 绩效

绩效指标主要包含低绩效人数占比、离职员工绩效分布、调岗员工绩效分布、绩效申诉比例等,其适用场景及获得方式详见表4-3。

表4-3　人力资源运营指标体系 —— 绩效

模块	指标	指标适用场景	获得方式
绩效	低绩效人数占比	反映目前企业中低绩效员工的人数占比	连续两年年度绩效为4或5的员工人数 ÷ 总人数
	绩优股人数占比	反映企业中绩效优异的员工人数	连续两年年度绩效为1或2的员工人数 ÷ 总人数
	离职员工绩效分布	反映年度离职员工的绩效在各等级上的人数分布	统计
	调岗员工绩效分布	反映年度调岗员工的绩效在各等级上的人数分布	统计
	绩效申诉比例	反映绩效管理制度和绩效文化执行得是否完善	期间人员绩效申诉总数 ÷ 期间参加绩效考评的员工

4. 人力资源运营管理指标体系 —— 薪酬

薪酬指标主要包括地区及行业薪酬水平、年度薪酬预算、薪酬总额、福利总额、福利构成、月人均薪酬等,其适用场景及获得方式详见表4-4。

表4-4　人力资源运营指标体系 —— 薪酬

模块	指标	指标适用场景	获得方式
薪酬	地区薪酬水平	用于分析企业所在地区的总体薪酬水平	调研报告

续表

模块	指标	指标适用场景	获得方式
薪酬	行业薪酬水平	用于分析行业的薪酬状况	调研报告
	消费者价格指数趋势和行业薪酬水平趋势的相关性	用来在宏观层面指导公司的薪酬战略	某序列员工薪酬总额 ÷ 该序列员工总人数
	年度薪酬预算	基础指标	统计
	薪酬总额（年 / 季 / 月）	基础指标	本年内员工的薪酬总额（基薪 + 奖金 + 股票）
	福利总额	反映员工关怀和员工福利的支出总额	本年度内用于员工福利的支出总额
	福利构成	基础指标	统计
	月人均薪酬	反映公司内部月度人均薪酬支出	月薪酬总额 ÷ 员工总人数
	月人均薪酬增长率	反映月度人均薪酬支出的增长幅度	（本月人均薪酬—上月人均薪酬）÷ 上月人均薪酬

5. 人力资源运营管理指标体系 —— 离职

离职指标主要包括年度离职率、月度离职率、最近离职关键人才数、月离职正式员工占比、月离职员工绩效分布等，其适用场景及获得方式详见表 4-5。

表 4-5　人力资源运营指标体系 —— 离职

模块	指标	指标适用场景	获得方式
离职	年度离职率	反映当月之前 12 个月的离职人数占当月之前 12 个月的平均人数的比值	当月之前 12 个月的离职人数和 ÷ 当月之前 12 个月的月平均人数
	月度离职率	反映月度离职人数占当月平均在职人数的比值	月度离职人数 ÷（月初在职人数 + 月末在职人数）÷2
	最近离职关键人才数	反映当年 1 月至本月的关键人才明细	统计
	月离职正式员工占比	反映当月离职的正式员工占比	月离职正式员工 ÷ 月离职总人数
	月离职员工绩效分布	反映月度离职员工的绩效分布状况	举例：绩效为 3 的离职员工占比 = 月离职员中绩效为 3 的人数 ÷ 月离职总人数

（三）人力资源组织效能指标体系

人力资源组织效能指标体系主要包括成本和收入，其适用场景及获得方式详见表4-6。

表4-6　人力资源组织效能指标体系

模块	指标	指标适用场景	获得方式
成本	年度人工成本总额	反映企业对员工工作和生活的支出总额	薪酬总额＋五险一金÷员工关怀支出
	人均人工成本	可以分析企业间人工成本的结构差异，为调整人工成本提供参考	年度人工成本总额÷年度平均在职员工
	人均人工成本增长率	反映人均人工成本的变化趋势	（本年度人均成本－上一年度人均成本）÷上一年度人均成本
	人工成本含量	反映劳动效率状况	人工成本÷总成本×100%
	人力成本预算执行率	反映人力成本预算发放进度，可以监控预算执行情况	发生额÷预算额（可按照时间选择）
收入	人均收入	基础指标	年度总收入÷年度内平均在职人数
	人力资本回报率	反映投向人力资本薪酬福利方面的每一元钱所创造出的利润情况	［营业收入－（营业支出－薪酬费用－福利费用）］÷（薪酬费用＋福利费用）
	人均净利润	反映人均贡献净利润的能力	年度总的净利润÷年度内平均在职人数
	人力资源比率	反映人力资源职能服务覆盖的宽度情况	人力资源序列员工数÷总人数

第二节　人力资源大数据应用场景

人力资源管理的常见模块有人力资源规划、选才招聘、职工培训、绩效管理、薪酬统筹、关系维护等。在当今时代，以上每一项内容都可以运用大数据相关技术，取得更好的效果。而企业在条件允许下也应当积极应用，使人才管理不落后于市场水平。本节主要从"选、用、育、留"四个环节的主要应用场景展开论述。

一、应用场景 —— 选（招聘场景）

（一）人力资源供需规划

当今时代正由互联网时代向人工智能时代过渡，具有人才之间、企业之间竞争激烈，人才流动性大，企业结构转型升级，多样化发展等特点。如何提升招聘效率和质量，成为企业面临的重要问题。首先，企业要做好人力资源规划。基本每个财年的最后一个季度都要开始做下一年的人力资源规划，并根据对各季度的总结和反思，以及各级组织、业务的变化来调整计划。这样才能保证人力供应与企业的实时需要相匹配。

传统的人力资源规划通常采用趋势预测法和成本控制法两种方式。趋势预测法是通过综合分析历年的用人情况，如职工总数、职位分布、地域分布、晋升情况、离职情况等，对人数的波动情况做出线性统计和预测，得出用工量上升、下降或持稳的趋势，为当前的招聘工作提供参考。成本控制法则是从用人总成本出发，来反推招聘数量。用人成本包括基本工资、五险一金、奖金、调薪、培训费用和其他福利支出。总预算需要根据各级部门和职位的单位用人成本和最低人数需求，来统筹招聘人数。

这两种方式，单独或结合使用（即人头、成本双控）都显得机动性不足。如今通过大数据挖掘技术，在实时分析、月度总结、季度调控上，都能做到更智能，也更精确。

大数据技术一方面可以对员工结构、人力成本、绩效和动向等内部信息建模，分析出需求结构；另一方面，对外部统计数据、社交数据加以整合提取，分析出人才供应结构。两相匹配，并模拟匹配后的适用情况，进行风险评估，最终生成人力资源供需分析报告，成为决策者的有力参考依据。

这样的数据源有很多，如猎聘网，2019 年其基于 11 类行业（及众多细分职位）的 4700 多万人才的大数据，生成了年度行业人才分析报告。包括地域分布、行业分布、薪资分布、流动方向和人才画像等多个方面的分析图表，为大小企业对比自身用人结构、调整人资规划提供了有效支持。

（二）求职与招聘自动双向匹配、智能评估

传统的网上招聘平台有两大缺点：手动匹配和模糊检索。求职方和招聘方都需要在搜索框中输入关键字，来查找需要的岗位或人才信息。首先，由于信息发布方和搜索方有时间差，不能保证单次搜索时收集到所有实时发布的有效信息。其次，模糊检索的性质增加了人力和时间成本，需要从大批量的信息中一一筛选、人工提取符合要求的，搜索效率不尽如人意。

大数据算法通过标签分类，将关键指标量化，再和人工发布的信息进行加权匹配，然后利用记忆库等数据库综合调优，便能实现求职和招聘信息的自动匹配。招聘平台凭借智能评估，能够为求职者推送适合的岗位，或为招聘者推荐适合的人才。自动过滤掉匹配率低的信息，实现了对双方需求较为精准的定位，可以为双方做出有针对性地宣传，大幅提升了求职招聘的效率。

上述关键指标包括：求职方的指标，如学历（专、本、硕等）、专业（文科、工科、商科等）、技能（外语等级、其他资格证等）、工作经验（应届、工作 2 年以上等）、工作意向和地点意向等；招聘方的指标，如学历要求、专业要求、技能要求、经验要求、地点要求、年龄要求等。这些指标可以由发布方手工标签，也可以由系统根据信息中的关键字自动标签，同时提取相关公司的在职员工或相关行业的优秀人才的特征标签作为参考。

此外，大数据匹配算法还具有自我学习、自我优化的功能。当搜索目标变化或匹配库中的数据更新时，还能根据搜索历史、人才储备、信息热度等修正指标，不断提高匹配的精准性和推荐的契合度。

（三）优质人才自动识别

大数据能够提取绩优员工的特征，形成各行业各职位序列的人才画像，将其与人才库进行匹配，根据匹配指数识别出高潜力、高契合度的候选人，这成为用人单位选用人才的最快途径之一。

（四）招聘漏斗各级效率提升

大数据技术在招聘渠道、招聘进展（漏斗分析）、招聘来源（人才雷达地图）

等方面都可以发挥很大作用，从而达到多（招聘人数多）、快（时间短）、好（人才优秀）、省（效率高）的目的。通过准确的甄选评测工具、正确的操作流程、合适的面试官、适当的技术等，可以将最优秀的人才招聘进来。

（五）典型应用案例

猎聘是人才大数据公司的代表之一，截至 2020 年，其个人用户超过 6000 万人，职位信息有数百万条，每天的消息日志上亿。平台对这些数据进行汇总、挖掘，能够分别形成智能人才库和企业库，为个人求职和组织招聘提供各类服务。例如，依靠行业人才数据分析和职位发展趋势分析，可以为个人提供职业规划和建议，为企业提供招聘规划和辅助。

常规的招聘分为人才规划和人才搜索两步。对于人才规划，猎聘会定期生成人才趋势报告，便于企业了解各个行业的人才分布和动向。对于人才搜索，猎聘的"机器伯乐"系统会自动向企业推荐匹配度高的人才，同时向求职者推荐匹配度高的职位，为企业随时发现优质人才和人才随时发现更优岗位提供了许多机会。另外，猎聘的职业社交频道作为人才展示和自荐的渠道，也为人力资源部门提供了一定的参考。

通过大数据、推荐算法、机器学习等技术，猎聘除了为个人和企业用户指导方向和相互推介，还有一项猎头服务。同样基于智能匹配功能，其"面试快／入职快"的猎头众包服务能为企业快速匹配相应的猎头。这样，通过把控人才、猎头、企业三个环节，实现全方位的自动互相匹配，猎聘帮助整个招聘市场提高了甄选效率和质量。

二、应用场景 —— 用（职业发展场景）

（一）人才画像

首先，在任用人才、安排岗位之前，先从企业历史员工库和行业大数据人才库中抽取高绩效人才的特征，为各部门、各职位序列建立适岗人才画像，作为今后调岗的参考依据之一。

其次，为每个员工建立标签体系，对其职位、级别、技能、绩效、调薪幅度、晋升速度、360°评估结果等打上标签，形成人才画像。然后将其与适岗人才画像进行比较，得出职位、技能、薪资等方面的匹配度，形成整体的适岗匹配度模型。再结合市场热门职位和各职位的多维比较分析，最后生成对员工职业发展有实际指导意义的、较为全面的综合评估报告和建议。

（二）敏捷绩效场景

员工是企业的主要生产力，绩效管理则是企业价值输出的导向。传统的半年度或年度 KPI（关键绩效指标）考核显示出明显的局限性，在如今的移动互联网时代，OKR（目标与关键成果法）、阿米巴、合弄制、人单合一等管理模式已悄然风行。基于观念的转变和技术的支持，许多公司摒弃了排名和强制分布的管理法，转而采用敏捷绩效。让员工与经理随时随地通过 App 沟通，即时反馈和调整目标，同时获得同事、客户等的评价和专家的意见，而短期反馈结果不与调薪、晋升等直接挂钩。这样才能更有效地把控员工的发展趋势，调动员工的积极性，以及获得最大化的价值输出。

无论是可以量化的目标完成情况，还是不能量化的能力、价值观等，都能以大数据和 NLP（神经语言程序学）技术建模来分析。通过对比工作表现、合作情况、沟通情况、舆情监督等数据情况，综合定量与定性分析结果，找到提升职工业绩的因素，为企业更高效、更科学地管理人才和提高效益奠定基础，OKR 最早应用于英特尔、谷歌，之后微软、通用电气、德勤、IBM 等龙头企业陆续推行，如德勤的绩效快照等。

三、应用场景 —— 育（培育场景）

在当今时代，智能终端普及，移动应用遍地开花，学习模式早已突破传统的时间、空间和形式限制。远程网课、直播、云化学习资料和记录、个性化课程推荐等，使如今的学习环境更自由自主，教培市场的竞争也更激烈。

其中，大数据的应用对移动学习市场（如职场技能培训）的繁荣功不可没。这里以个性化课程推荐为例，简要谈谈大数据发挥的作用。

（一）用户建模和标签

通过用户学习过程中使用的资源、行为、交流圈子等记录提取特征，概括为标签，进行偏好建模。特征包括用户类型、学习目标、学习风格、常用途径、社交圈等，以此挖掘用户的潜在偏好，并预测其学习方向，为个性化课程服务奠定基础。

具体需要收集的用户数据有基本注册信息，如姓名、年龄、性别、部门、岗位等；浏览、收藏、回看、下载、点赞、转发、评论等情况；课程完成度、历史课程和预订课程等。将这些信息归类整理、深度分析，会形成若干用户偏好标签，从而对其需求进行定位。

（二）课程标签

为了对课程资源进行高效管理和调用，需要根据学习地图，对其分级和标签化。官方标签有通用类、专业类、PPT 演示类、直播类等，还可以根据专题或讲师来分类。普通用户也可以根据自己的理解加上民间标签，来补充和拓展课程的属性。

（三）个性化推荐课程

有了课程标签和用户标签，就能通过智能匹配，为职工推荐个性化课程。实际推荐时，有些用户可能并不接受，原因有多方面，如竞品的影响等，但是不排除机器推荐本身的不足，可能是没能正确判断用户的心理偏好，这就需要对用户的学习习惯和风格不断进行分析，机器不断自我学习和更新，最终达到贴合用户需求，甚至开发其需求的程度。

四、应用场景 —— 留（离职场景）

（一）离职管理

对于企业来说，除非主动裁员，否则更换员工还是要耗费一定成本的，数额将近员工年薪的五分之一。"留"人虽放在"选、用、育、留"的最后一环，但其影响着其他三个环节。如果这一环节失败，将直接导致前面三个环节的损失和浪费。

降低员工离职率可以从离职关怀和离职管理两个角度入手。前者是为吸引老员工回归，是对已失人才的补救；后者是为降低人才流失风险，是对在职和潜在员工的激励。离职管理作为人力资源管理的一部分，也是企业文化和形象的体现。

（二）离职预测

员工的离职因素有很多，总体分为薪酬福利、晋升轮岗、工作压力、办公环境、个人发展、培训学习、文化氛围、外部热点八个方面。从主观方面看，有年龄、司龄、薪酬、福利、能力水平、学习机会、发展规划、家庭背景、心理认同感等；从客观方面看，有工作压力、同事压力、上下级关系、企业文化、组织安全感、外部工作机会、市场热点、外部薪酬水平等。员工离职的原因多样，而且因人而异。

由于客观环境等外因是短时间内无法改变的，这就需要重点把控员工的内因，根据其异样表现来判断离职心态，如工作效率降低、内部埋怨多、隐私电话多、请假率高、网投简历等。

结合员工信息和大数据记录，通过多元回归和建模分析，可以预测员工的离职概率，将其汇报给经理或 HRBP，让其对离职概率高的员工采取预警措施，如沟通、加薪、调岗等挽留举动，或提前补充预备人力，将对工作和公司的影响降到最低。为了更客观、更准确地反映离职趋势，需要对员工模型不断细化、优化，也需要结合实际情况对数据进行筛查、甄别，降低误判率。

（三）预测途径

离职的定量预测，是将员工的各项人力资源指标与历史离职情况和外部舆情背景相结合，推导出各指标的离职指数，再用回归算法推出总体离职概率。采用的数据分为外部数据和内部数据。外部数据是通过爬虫技术获取的对象社交数据，如在账号一体化的网站、移动平台上的活动记录；内部数据是从各个部门调用的对象信息。

首先，人力资源指标可以细分为考勤情况、参会情况、在岗时长、加薪用时、晋升用时、业绩波动、请假频率、客户投诉率等上百种，归结为工作压力、薪酬福利、晋升轮岗、个人发展、办公环境、培训学习、文化氛围和外部机会八个维度。

其次，将八个维度两两进行相关性分析，一方面，查看各维度之间的相互影响程度，看其是否有明显的正负相关性；另一方面，看各维度与离职指标的相关性。通常来说，工作压力、外部机会与离职指标呈正相关；薪酬福利、晋升轮岗、培训学习、文化氛围与离职指标呈负相关；个人发展、办公环境则不一定，可根据正负相关结果推测出它们是促进员工离职还是有助于挽留员工。

最后，用多元回归法分析出各维度与离职指标的关联程度，按关联大小排序，找出影响最大的几个因素，为采取预防措施做准备。

各维度的离职相关性在不同领域、不同部门会有差异，而同一岗位序列在不同企业或不同环境条件下也会不同。严格来说，企业应根据不同部门的历年离职数据建立离职指标或模型，分部门分析，最后汇总对比。

（四）离职数据挖掘

（1）基础数据：简历信息和其他人力资源部门整理归档信息等，以结构化数据为主。

（2）整合数据：社交网络、文娱活动和消费记录、在职表现等，包括结构化数据和非结构化数据。

（3）净化数据：先通过图片识别、文字识别、爬虫抽取和其他深度学习技术，把非结构化数据转化成结构化数据，再在数据可视化技术的辅助下，多层筛查，清洗异常数据。

（4）EDW（企业数据仓库）建模：在上述数据整合的基础上，分别将已离职员工和在职员工的特征建模，相互比对，验证近似度。

（五）离职数据分析

机器解析的离职数据存在一些问题，需要人工进一步优化。首先，非结构化数据结构复杂，有的机器无法识别，而各数据块的语义可能存在交叉、模糊、难以归类或递接的情况，需要后期人工复审。其次，关于外部因素的一些关键字，如竞争对手、行业前景、局势环境方面的，是否真的影响以及如何影响离职指数，需要进行定性分析。例如，新兴竞争对手的出现，为员工带来压力的同时也可能是激发其好胜心的动力。对关键性外部因素的判断需要综合视其是否对多位离职员工产生了影响而定。最后，员工上报的离职原因未必是真实的，在其离职一段时间后，或者通过背景调查才会发现真实原因。

（六）数据预测应用

利用离职模型可推导出对象员工一年内、半年内，甚至季度内离职的可能性。以下结合两大典型案例来说明离职预测的效用。

案例一：猎聘

作为互联网招聘巨头之一，猎聘很有魄力地将人才留存问题简化为内部满意度和外部竞争度两个角度。内部的员工满意度是通过收集和分析员工的在职表现和生活状态等数据得出，外部的人才竞争度是通过大数据提供的行业薪酬报告、人才流动趋势报告等得出。将市场普遍离职特征与公司历史离职特征相结合，建立员工流失风险模型。再将模型与员工个人特征对照，便能提早找出流失风险高的员工和相应的潜在流失因素。以此为依据，猎聘能够采取具有针对性的激励或沟通措施，提高员工满意度或降低外部竞争压力，从而减少人员流失的风险。

案例二：百度

百度作为国内规模最大、发展变化较快的互联网公司之一，也面临着高新产业公司人力资源管理的很多问题，其中就有结构调整频繁、调岗频率高、人才流动性大等问题。

百度公司利用自身先进的大数据和人工智能技术，为解决这些问题探索出了新策略。如成立"百度人才智库"（TIC）团队，以期形成更高级、更全面、更有效的智能化人才管理。据智库领导人熊辉介绍，TIC 团队集合了大数据、人工智能和人力资源管理等多个领域的专家，已经在一年内，在 10 万多名在职员工和历史员工的内部数据和大量多类、多源的外部数据的基础上，形成了国内首套智能化人才管理方案，并以在公司内部的实测结果，展现了新型人才管理办法的高效性和精准性。

以离职预测为例。TIC 通过收集员工绩效波动、异动表现、社交媒体和网络舆情等内外部数据，集成了包含职业发展、收入水平、家庭背景、外部热点等上百个动态指标的 90 天离职预测模型，近几年实测准确率高达 90%，相对于传统预测方案已经是突破性的进展。例如，2015 年该模型分析出公司内离职率最高的 30 名员工，实际上其中 29 人于 3 个月内陆续提交了辞职申请。该预测模型除了分析离职率、离职因素，还能分析出员工离职对公司的影响程度。当影响程度达到一定级别，而离职因素又可以调控时，百度公司就会提前采用挽留手段或预补措施来减少该人员离岗给公司带来的消极影响。

总体来说，大数据技术对人才管理的"选、用、育、留"环节各有助益，主要聚焦在以下几个方面，但不限于此。

1. 选才场景

对于选才有规划、推荐和智享三大功效。规划是帮助招聘方做人才规划，帮助求职方做职业规划。推荐是把符合要求的职位自动推荐给求职方，而把智能筛选的候选人简历自动推荐给招聘方。这样既便于挖掘一些优秀但不大活跃的人才，也节省了求职者人工搜索岗位的时间和精力。智享是为招聘平台增加其他辅助功能，如语音技术、视频面试和录存等，便于回看比较和作为人才信息入档。

2. 用才场景

在用才上，主要有人才画像、辅助管理和敏捷绩效的功能。人才画像即全方位地对高潜人才和普通人才画像，实行人才的准确定位，一方面为其调薪调岗等动向管理做好准备；另一方面为培训教学的课程推荐留下余地。敏捷绩效指从传统的固定化 KPI 考核转向动态沟通、反馈、奖惩方式。其中，大数据为全方位员工考察，移动端和语音技术为同事、上下级实时沟通提供了有力的支持，能够根据业绩情况随时调整工作目标和计划。如百度开发、迭代的人力资源大数据是目前的业界标杆，为行业洞察和人员洞察提供了智能支持。

3. 育才场景

在员工培训方面，则是智能化推荐课程和个性化定制学习计划。方便教学活动开展和统一管理的同时，也能让员工感受到公司先进、完善、系统化的培训体系。打造人才发展生态圈的同时，也体现了良好的公司文化。

4. 留才场景

主要用于离职预测和智能关怀。离职预测是建立离职模型，分析、发现离职概率高的员工并提早应对。智能关怀是针对员工画像，自动提供个性化的关怀服务。如在员工生日、结婚纪念日等重要日期，根据员工的生活需要、兴趣爱好、消费习惯等的"标签"，发放相应的"员工关怀"，作为企业人性化福利的一部分，给员工留下好印象。

第三节　人力资源大数据平台建设

随着互联网的发展，一系列新兴移动互联技术和相关应用逐渐从消费层面向产业层面渗透，并从根本上改变了传统产业的生产模式。产业互联网在生产制造行业的发展，促进了工业 4.0 时代的到来。这一时代的人力资源信息智能化建设显得越发重要和紧迫。

一、人力资源管理的信息化发展

（一）智能分析，对标决策

在互联网时代，大众创新，万众创业，人力资源管理领域也出现了新的变化。创新、引领和激励成为这一时代的关键词。去中心化、去 KPI、自组织、阿米巴、合弄制是这个时代的流行语。移动化、社交化、智能化、大数据技术驱动逐步成为趋势，移动设备让人们随时随地联系任何人。

如何建立一个智能化的人力资源管理信息系统平台，对标决策，是每一家公司人力资源经理的必修课。

建立一个完整的人力资源管理信息系统，可以对内外部运营数据、舆情、对标数据进行收集、处理以及大数据技术智能分析，为企业管理者和决策者提供管理驾驶舱、用户画像，让数据说话，建立事前有预测、事中有监控、事后有分析的决策新机制，从而让管理者能更快、更容易地做出更好的"选用育留"的决策，助力业务获得更大的发展。

（二）对接集成，系统一体化

人力资源的"选用育留"管理需要很多系统支撑，通常一个 CoreHR（核心人力云）要包含组织管理、岗位管理、基础人事与工薪管理等主要功能，无论使用的是国际品牌，如 SAPHR、PeopleSoft、Workday 等，还是国内的用友、金蝶等，CoreHR 都是基础核心模块。除此之外，招聘、学习、绩效、薪酬等也是必不可少的模块，将这些模块有机地连接起来构建一体化的信息平台，打破信息壁垒，将为下一步大数据智能化分析打下良好的基础。下面我们先来看看一些主要模块是如何进行大数据分析的。

1. 人力资源 HC（资本）预算编制模块

在人力资源 HC 计划设计中，利用大数据挖掘技术，搜索、收集、清理、调用内外部信息（包括历史经营数据、政策变化内容等），通过对这些信息的加工处理与建模，模拟仿真可能发生的人员成本、人员绩效，乃至人员流动的变化情景，综合分析得出现有组织内人力使用情况以及人力成本报告，并对其合理性进行评估，对企业未来的人力资源 HC 编制以及人力成本做出预测并提出调整建议，方便企业管理层决策。

2. 招聘模块

通过人力资源 HC 预算编制、人力成本分析，再加上人岗匹配盘点，就可以计划招聘工作了。建立智能搜索引擎与人才雷达，当有职位空缺时，智能搜索引擎会自动与人才简历库匹配并精准推荐人选；同样，对于求职者也要实现精准推荐。另外，根据离职预测系统发布的人员预警，分析人员离职率和离职原因，向招聘主管提供补缺建议以供参考。

3. 绩效管理模块

基于 VUCA（不稳定、不确定、复杂、模糊）时代的绩效考核该何去何从。是继续传统的 BSC（平衡计分卡）、KPI，还是选择敏捷的 OKR？目前，多家企业开始尝试取消绩效考核的"强制分布曲线"与"末位淘汰制"，代之以全新系统。

经理对员工的管理与考核主要通过"持续沟通"进行，考核结果不出现数字，也尽量不与奖金和薪资直接挂钩。

4. 薪酬模块

新时代基本工资、奖金等对员工的激励效果在逐步减弱，而股票、福利、内部创业等新形式更受员工关注。建立一个价值创造、价值评估、价值输出的公平的薪酬评价体系是努力的方向。

5. 学习与发展模块

随时随地学习的 App 遍地可见，游戏化学习也如雨后春笋般涌现，自主学习、有效学习、直播、个性化推荐课程、链接晋升、云化等是 VUCA 时代学习的新特点。

总的来讲，人力资源信息平台要解决"人离升降调、选用育留管"的系统集成问题，同时进行结构化数据与非结构化数据沉淀，通过大数据分析，对业务进行预警预测，使报告可视化，为管理层决策服务。

（三）基于人力资源信息系统的数据应用

1. 典型案例分析

人力资源信息系统的发展经历了不同的时代，产生的作用与影响也各不相同。

第一阶段：PC 时代。各个模块逐步线上化，实现办公室自动化，能进行简单数据分析以及提供标准报表，满足基本数据处理需求。但由于企业发展不同阶段开发的不同系统的连通性较弱，容易产生信息孤岛。

第二阶段：互联网时代。系统建设开始考虑互联互通，把人力资源部门内部零碎的信息、孤立的应用变成一个互相连接、有机组成的完整系统，数据开始了交换与集中处理，可以进行多维度的数据分析，为管理者提供报表参考，帮助其进行决策。但此阶段能处理的还是结构化数据，对于大量文本、外部信息等，还不能有效利用，进而挖掘内在规律，为决策服务。

第三阶段：移动互联网时代。这是万物互联、社会化大协同的时代，信息化主要解决半结构化问题与非结构化问题。移动终端设备与移动 App 快速发展，二者及时连接会产生海量数据，通过大数据技术，对内外部结构化与非结构化的数据进行清理、建模、分析，利用过去的数据预测未来，预测企业的各种运营情况，利用信息来调整和控制企业行为，帮助企业实现其规划目标，真正利用大数据辅助决策、助力企业发展。

以百度人力资源信息化进程为例说明这几个阶段的建设历程，百度的人力资源信息化工程至今可分为三个阶段。

第一阶段：PC 时代。

（1）2010 年以前：公司的人力资源信息化处于基础应用阶段，主要体现为人力资源主数据库 [CoreHR+Payroll（工资表），其中包括组织、岗位、人事、薪资信息等] 的运用，更多的是以 Payroll 为主的系统，不能作为 HRMasterDatabase（人力资源主数据库）。而外围入离职系统功能相对较简单，报表应用也相对薄弱，周围还有很多业务发展不同阶段开发的独立系统，形成了不少信息孤岛。随着百度业务的迅速扩展，原有的体系已经不适用于日益增长的人力资源业务，因此百度开始进行人力资源信息系统的升级和优化。

第二阶段：互联网时代。

（2）2011—2012 年：百度人力资源信息化全面发展与提升阶段。人力资源部与技术部成立联合项目组，打了一场人力资源信息化"战役"—— 集中优势"兵力"，利用一年时间重新打造人力资源管理系统，敏捷开发，快速迭代，实现"入离升降调，选用育留管"建设的一步到位。

①重新规划人事主数据，完善 HRMasterDatabase。在原有的薪酬系统（Payroll）基础上进一步完善员工的基本数据，如家庭情况、教育背景、工作经历、绩效信息、评价信息等，并对已有的数据进行校准，为建立多样化的数据库奠定基础。

②外围系统的梳理与重新建设。这部分主要分为两个方面：一是实现外围系统从"0"到"1"的建设，如自主开发了人事变更系统、试用期管理系统和绩效管理系统等。二是实现从部分到整体的优化和完善，如将人力资源主数据库和系统对接，克服了原先需要手动导入导出带来的不便。

③完成数据线上流转。基于员工在企业内的生命周期，实现员工从招聘、入职、培训、试用、学习、考核、发展等一系列数据在系统互联互通的基础上能

够自动流转，完善报表系统，有利于多维度的数据分析。

第三阶段：移动互联网时代。

（3）互联网技术的快速发展，使人与人、人与机器以及机器与机器之间的连接成为现实。百度正着手建立互联互通的人力资源管理系统。第一，继续完善与发展全生命周期的人才管理；第二，在组织文化层面探索系统方式支撑公司战略；第三，强化共享服务平台的关联，以产品思维推进系统建设；第四，建设统一数据平台，进行数据沉淀，为大数据分析奠定基础。

2. 具体数据应用

百度的数据应用主要有两部分：一是与当前业务状况和需求相结合的数据分析，占总数据应用的 70%；二是在数据预测的基础上所做的规划，占总数据应用的 30%。

（1）通过商务智能仪表盘，监控部门内员工人力资源的主要数据（如关键人才比、关键人才离职率、员工离职率趋势等），直观地反映部门人才动态。

（2）通过记录员工的职位变动，绘制员工的发展轨迹，观察企业人才流动状况。

（3）在数据预警、预测方面，进行大数据的舆情分析，非结构化数据的语义分析，以及离职、高潜人才预测等方面的尝试等。

在人力资源信息化建设的过程中，各个阶段的主要任务和重点都不相同。从基本的薪酬系统、全流程生命周期的管理，到大数据战略与义务，侧重点逐步升级，人力资源管理的状态也由被动到主动，其地位越来越重要。

（四）人力资源信息化的建设及启示

1. 百度人力资源信息化建设的经验总结

在建立人力资源系统之前，业务流程的梳理和优化是必不可少的。2012 年，百度在建立新系统之前，就进行了数月的人力资源业务流程梳理和优化。

（1）人力资源内部业务流程梳理。成立项目组，通过对各部门的访谈和业务梳理，整理出当前业务流程；同时发现人力资源模型中存在的问题，归纳提炼诊断报告，为之后的系统设计做好准备。

（2）与业务部门深入碰撞和 to-be 设计。项目组联合人力资源各业务负责人，以及技术团队负责人，对标最佳实践，以专题研讨会的形式，向业务部门呈现人力资源业务流程的规划方案和构思，收集业务部门的反馈和建议，经过多轮碰撞，最终形成 to-be 蓝图设计文档。

（3）汇报与决策。在业务梳理过程中，对流程中的重要节点以及职责交叉区域，进行汇总提炼，给出建议方案，上报管理层做最终决策。

（4）系统开发，快速迭代，越变越"美"。依据 to-be 蓝图设计，技术团队形成系统设计文档，集中优势力量，分成若干小团队，采用敏捷开发、场景化、并行开发的方式，快速迭代，在 2012 年实现了人力资源系统的升级和人力资源数据库的改造。

2. 百度人力资源信息化的建议和启示

（1）e-HR（人力资源管理系统）在"互联网+"时代做"减法"。人力资源信息化是一项耗时耗力的庞大工程，许多公司希望该系统可以实现更多的功能，因此将有限的资金分散投入各个功能的开发中，结果每个功能的效果都不尽如人意。企业应该有所侧重和选择，根据目前管理层面对的主要问题，排出优先级，将资源投入主要问题中，解决实际问题。

（2）助力员工服务，提升用户体验。关注高管、员工、人力资源部门的需求，实现场景化和平台化，完善升级系统，让员工在日常生活和工作中可以随时享受人力资源部门的服务，实现"小温馨，大体验"。

二、人力资源大数据业务模型与平台建设分析

从业务角度来看，不仅要为管理者和人力资源部门提供准确、快速的报告，还要能够及时预测，帮助管理者做出正确的决策。而要实现这一功能，传统的 BI（商务智能）数据分析已经无法胜任，需要建立新的人力资源大数据平台。

人力资源大数据平台的建设主要分为三步。第一步，对各类内外数据的收集、加工、存储，以及数据的标签化；第二步，对不同的场景和业务进行分析、建模用户画像和预测预警等；第三步，建立决策支持系统，根据场景输出各类建

议报告。

人力资源大数据平台的逻辑架构主要分为四层，分别是系统层、数据层、人力资源管理理论研究与大数据应用分析层和展示层。

（一）系统层

系统层是基础，是入离升降调、选用育留管的建设，可以理解成数据收集层，数据埋点、信息收集、流程优化、系统迭代都在该层实现；这就要求我们的系统是互联互通的，数据是动态的、端到端流转的。事实上，百度除了 CoreHR，还外挂了几十个自己开发的系统，由于场景不同、耦合程度不同，这些系统之间怎么去打通，数据怎么去自动地流转并确保是唯一数据源都是要解决的问题。

（二）数据层

数据层包含数据的清理、处理、提取、保存、标签化等，该层数据处理主要包括结构化数据和非结构化数据。

在数据加工过程中，有可能出现数据缺失的现象，这就需要不断完善和升级系统，针对系统的漏洞进行查漏补缺。所以，系统层与数据层是相辅相成的关系，螺旋上升，互相促进。

（三）分析层

分析层包含系统主题分析、自定义分析、指标体系建设和模型建设等。例如，从描述过去发生了什么到诊断问题，再到找寻出现问题的原因。根据历史数据，通过分析建模和机器学习，找出其中的关系，而不是像之前一样，先提出假设，再通过分析验证。分析层可以对数据进行及时、准确的分析，并提供预测功能，进而保障管理者决策的正确性。

"才报"系统的指标体系主要分为人才管理、运营管理、组织效能、文化活力、舆情分析五部分，共涉及 200 余个具体指标，涵盖了人和组织的分析维度以及所有人力资源部门职能的衡量维度。

（四）展示层

展示层主要包括用户画像、报告建议和各种分析报表。例如，通过播放器的形式动态展示调入调出、升降调转等数据。通过人才迁徙图可以分析人才的来源、发展与流动；通过入职来源、在职情况、人员流失图可以分析企业的人力资源情况。再如，在人才发展层面，企业管理层可以对人才进行比较，分析员工的不同特点和优势。

人力资源大数据平台建设可以分为五个层面：第一，对内外部数据进行整合，建立人力资源主题大数据仓库；第二，对数据进行人才标准量化；第三，管理实践场景化；第四，深入整合业务属性；第五，流程集成一站式数据分析服务，大数据有助于完善流程，这是一个螺旋式上升迭代的过程。

第五章

现代企业人力资源管理的信息化实践

第一节　人力资源管理信息化建设的基础与原则

一、信息化发展为人力资源管理信息化奠定基础

20世纪以来，信息技术的发展为信息化创造了条件。先进的信息技术在国民经济各部门和社会活动各领域的普遍应用，大大提高了社会劳动生产率和工作效率，使人们认识到信息化的作用，开始步入信息化发展的新阶段。

信息产业和信息基础设施飞速发展，特别是办公自动化的迅猛发展，为人力资源管理信息化建设创造了良好条件。随着计算机技术的发展和广泛应用，办公自动化系统的普及率提高，信息应用系统建设、网络建设取得极大进展，应用软件和硬件技术水平有所提高，为人力资源管理信息化搭建了平台，提供了技术保障。

（一）社会环境为人力资源信息化建设创造了良好的氛围和条件

各级政府的重视和支持为人力资源信息化建设的健康发展提供了可靠的保障；国内外有关计算机辅助人力资源管理研究成果的取得，为人力资源信息化建设积累了宝贵的经验；引进和培养了一批具有人力资源信息加工和管理、数据库管理和维护、应用系统开发能力的专门人才，为专业人才队伍的新发展创造了优越的条件，奠定了良好的基础；人力资源部门在从事务性角色转变为战略合作伙

伴角色的过程中，走上了自动化、网络化的必由之路，满足人力资源管理全面化的需求，构建高效、务实、快捷而稳定的平台。一些专业的 IT 和管理咨询机构，已经将工作重心转移到信息化与人力资源管理发展的综合研究当中。

（二）社会信息化促使人力资源信息系统建立和完善

信息化已经成为中国经济与社会发展最重要的推动力，信息的重要性已被广为认同，信息系统也已逐步渗透到政府组织和企业中，信息系统开始从传统的后台支持转变为新业务开展的直接驱动力，IT 也日益成为企业的直接利润来源，各种组织对信息系统的依赖程度在不断增加。

人力资源信息是重要的信息资源之一，深入开展人力资源工作需要进行量化的分析，需要建立模型对人力资源信息数据进行整理和挖掘。人力资源管理部门要改善其在组织内部的形象，提升人力资源管理的水平，提高员工满意度，提供自助服务或个性化服务，必须借助信息系统。运用信息技术可以进行人力资源信息的加工处理，进行综合分析与管理，实现信息资源的开发与共享。目前，人力资源信息系统已在一定程度上得到应用。

信息技术的应用使人力资源管理现代化建设取得显著成绩，人力资源信息得到了大力开发，人力资源管理基础设施飞速发展，人力资源管理现代化水平大大提高，各项建设取得巨大成就。人力资源部门的工作发生了深刻的变化，从传统的手工管理方式向现代化管理方式转变，从封闭、半封闭型向开放型转变，信息化的环境已经具备。

（三）人力资源管理的网络自助服务获得发展

网络技术将使人力资源管理体系随着信息流的延伸或改变而突破限制，延伸到企业内外的各个方面，组织各级管理者及普通员工也能参与到人力资源的管理活动中，建立更紧密的联系，网络招聘就是一个典型应用。这种网络自助服务建立在人力资源管理系统基础上，是对人力资源管理系统功能的扩展。

可以预见，伴随着信息化进程的加快，我国的社会结构将发生根本性变化，社会面貌和生活方式也将发生巨大变化。全面建成小康社会，必将大力推进信息化，我国的信息化建设将进入一个全新的时代，人力资源管理的信息化建设也将迈开新的步伐。

二、人力资源管理信息化建设应遵循的原则

人力资源管理信息化建设是一项范围广、投入大、周期长的系统工程，是一项关系人力资源事业发展全局的战略举措，涉及组织结构、管理理念、业务流程甚至企业文化，是各项工作的整合。要成功地实施人力资源管理信息化，必须遵循一定的原则。

（一）循序渐进原则

人力资源管理信息化贯穿于人力资源管理全过程，是一项长期而艰巨的任务。人力资源管理信息化横跨人力资源部、财务部、IT 部门等多个部门，涉及诸多技术要素，需要人力资源从业者具备信息技术背景、项目管理和人力资源管理等综合能力。另外，中国企业的人力资源管理水平参差不齐，各个企业的需求层次也不一样，多样化的需求加大了人力资源管理信息化的难度。因此，人力资源管理信息化面临巨大挑战，需要各方共同努力。既要坚持科学性、适用性，又要兼顾先进性、前瞻性。这就要求人力资源管理信息化建设，在总体规划的基础上，循序渐进，量力而行，分步实施，有条不紊地进行和完善。

循序渐进原则即整体规划、分步实施。根据实际和需求，采取渐进式的解决方案，分阶段、分规模、分步骤、分模块进行信息化。不一定采用完整的解决方案，运用大型、多个功能模块的综合性系统，可以从使用某一职能模块入手，或者选择集成的解决方案。基础好、资金实力强的企业可以一步到位，但对于多数企业来说，还应按功能模块分步实施，根据自身工作的特点和能力，找到信息化的切入点。尤其是中小企业在人力资源管理信息化中应该量力而行，可以先通过建立网站，发布人力资源信息、收集信息资源。

循序渐进原则，要求考虑人力资源管理的需求，重点突破，务求实效。在不同阶段完成不同的任务，逐步完善人力资源管理信息化建设。

人力资源管理信息化的初级阶段，主要任务是实现人力资源基础管理，建

立专门的人事和行政管理团队，对员工和业务团队进行指导，引导员工执行决策层的决定，可选用人力资源管理系统的基本模块，避免为求完美而花费太多的时间和资金。

人力资源管理信息化的规范化管理阶段，主要任务是规范人力资源管理、优化业务流程，满足灵活的组织架构调整和基础人事事务处理及信息维护需求、薪资管理需求及员工社保福利管理需求。可以通过人力资源系统的标准模块，提供人事、薪资、社保福利等常用报表，提供个性化的自定义报表，满足人力资源分析需求。

人力资源管理信息化的高级管理阶段，主要任务是建立人力资源战略管理平台。创建以能力素质模型为基础的任职管理体系和以绩效管理为核心的评估与激励体系，创建由 CEO（首席执行官）、人力资源经理、业务经理和员工共同组成的战略人力资源管理平台，将高层的战略目标层层分解到每个部门、每个员工。

（二）电子文件与纸质文件并存原则

在人力资源管理过程中形成了大量的信息，既有纸质文件又有电子文件。随着办公自动化，人力资源电子文件信息越来越多。对于具有长期保存价值的人力资源电子文件，一定要有相应内容的纸质文件归档保存。同时，人力资源电子文件也要按照其记录信息的保存价值进行物理归档，转化为电子档案，并按有关规定安全保管。凡是实现了办公自动化的单位，都要实行电子文件和纸质文件的归档双轨制。人力资源部门要从人力资源管理的特点出发，对单位办公自动化的设计和建设提出人力资源管理和电子文件归档方面的要求，以人力资源管理信息化建设为动力，不断提高人力资源管理的现代化水平。

（三）强化管理与资源共享原则

人力资源管理信息化过程只是为提高人力资源管理水平提供了一个平台，整体管理水平的提高最终还在于管理人员的素质。人力资源管理信息化的关键在于管理基础，在于管理水平能否达到信息化的要求，包括对管理理念、管理方法、管理技术的整合。信息化程度与管理水平是相辅相成的，人力资源管理信息化需要与之相适应的管理，同时信息化又必然能够提高整体管理水平。

各单位、各部门要从信息化建设的全局出发，充分利用已有的网络基础业务系统和信息资源，加强整合，主动提供相关信息，促进互联互通，信息共享，实现共建共享。

总之，人力资源信息化建设将极大地促进人力资源信息的开发利用，促进人力资源管理方式的转变，促进人力资源管理理论和实践的发展，为人力资源管理全面实现现代化打下基础。

第二节　企业人力资源管理信息化建设的基础

国家高度重视信息化基础设施建设，提出了明确的方针，健全信息网络体系，提高网络容量和传输速度。大力发展高速宽带信息网，重点建设宽带接入网，适时建设新一代移动通信网。强化网络与信息安全保障体系建设。基础设施是人力资源管理信息化建设中非常重要的保障条件之一，主要包括计算机软硬件基础环境和各类辅助设施，如信息高速公路和宽带网、各种通信网、内部局域网，以及与之相配套的软硬件设备等。

人力资源管理信息化基础设施建设的重点是，配备适宜的计算机设备和计算机网络，建立互联网，构建数据库，尽快建立具有相当规模、面向未来、结构合理、高速宽带的信息化基础设施，为全面推进人力资源管理信息化奠定基础。

一、计算机网络

计算机网络发展至今，已逐步形成了开放式的网络体系和高速化、智能化、应用综合化的网络技术。计算机网络已成为信息产业时代最重要、最关键的部分，在社会经济生活中发挥着巨大的作用，并推动人力资源管理走向现代化、信息化。

（一）计算机网络的功能

计算机网络是将不同地理位置的具有独立功能的多台计算机，通过软、硬件设备连接起来，按照网络通信协议和网络操作系统来进行数据通信，以实现资源共享和信息交换的系统。计算机网络有以下五个功能。

1. 数据传输

数据传输是计算机网络最基本的功能，也是实现其他功能的基础，实现计算机与终端、计算机与计算机间的数据传输，如发送电子邮件、传真、远程登录、发布信息、人力资源信息利用。

2. 资源共享

资源共享是计算机网络最常用的功能，包括共享软件、硬件和数据资源。具有访问权限的用户，可以通过计算机网络中任何一台计算机，使用网络中的程序、数据和硬件设备，冲破时空的限制，沟通交流信息。资源共享增强了网络上计算机的处理能力，极大地提高了系统资源的利用率。不仅满足局部地区的数据、文件传输需要，使各用户计算机的利用率大大提高，而且可以在一个国家内甚至全世界进行信息交换、存储和处理，扩展了计算机的应用范围。用户使用千里之外的数据和程序时，就像使用本地的数据和程序一样，感觉不到地理上的距离。

3. 高可靠性处理

计算机网络本身就是一个高度冗余容错的计算机系统，联网的计算机可以互为备份。如果网络中一台计算机或一条传输线路出现故障，可通过其他无故障线路传递信息，在无故障的计算机上运行需要的程序。分布广阔的计算机网络的处理能力，可以防止因故障而无法访问或其他原因造成数据破坏。

4. 分布式处理

计算机网络用户可根据需要合理选择网上资源。当某台计算机负担过重，或该计算机正在处理某项工作时，网络可将新任务转交给空闲的计算机完成，均衡各计算机的负载，提高处理问题的实时性；可以将复杂的综合性任务划分成许多部分，充分利用网络资源，由网络内各计算机分别协作完成，使整个系统的性能增强，达到均衡使用网络资源、实现分布处理的目的。

5. 集中管理

计算机网络技术的发展和应用，已使现代办公、人力资源管理发生了很大的变化，可以实现日常工作的集中管理，提高人力资源工作效率，增加经济社会效益。

（二）计算机网络的分类

计算机网络具有多种分类方式。按用途分，有共享资源网、数据处理网、数据传输网、大型商用网、企业管理网等；按通信交换技术分，有线路交换网和分组交换网；按通信传输技术分，有基带网和宽带网；按传输介质分，有无线网和有线网。

城域网所采用的技术与局域网类似，只是规模要大一些。它既可以覆盖相距不远的几栋办公楼，也可以覆盖一个城市；既可以支持数据和语音传输，也可以与有线电视相连。城域网一般只包含 1 ~ 2 根电缆，没有交换设备，因而设计比较简单。

广域网是在一个国家，甚至全球的广泛地理范围内所建立的计算机网，实现两个以上有一定距离的计算机局域网或远程工作站的连接和通信，包括运行用户应用程序的机器和子网两部分。运行用户程序的计算机通常称为主机，主机通过通信子网进行连接。子网通常由传输线和交换单元组成，其主要功能是把信息从一台主机传送到另一台主机上。广域网的覆盖范围十分广泛，对通信的要求高，要按照一定的网络体系结构和相应的协议来进行。为实现不同系统的互联和相互协同工作，必须建立开放系统互联。

计算机网络是信息时代人力资源管理的重要工具和载体。当今席卷全球的以比特的转移和共享为特征的信息革命中，计算机网络对人力资源管理的冲击是其他载体所无法比拟的。计算机网络提供了一个人力资源信息被获取、被增值的平台，使人们可以冲破时空的障碍共享信息，获得与世界同步发展的机会，人力资源管理进入了一个全新的充满机会和挑战的时代。

计算机网络已成为连接整个世界的工具，是反映整个社会政治、经济、文化、科技、教育等情况的巨大的信息源。离开了计算机网络，人们之间的交流就会受到时空的限制，人力资源管理就会跟不上时代发展的步伐。可以说，计算机网络是人力资源管理信息化的物质基础。在人力资源管理信息化建设过程中，应配备与人力资源管理信息化规模相适应的计算机设备和计算机网络，为人力资源管理插上腾飞的翅膀。

计算机网络建设，将会把大量用户紧密联系在一起，形成一个有机整体；将会使人力资源电子信息的收集积累、整理鉴定和保管利用工作变得更快速、更简捷、更方便；将会使数据库的资源，得到更充分更广泛的开发利用；甚至会改变人力资源管理者对人力资源电子文件管理的认知，形成人力资源电子文件管理的科学方法和新的管理模式。

在计算机网络建设中，要提高信息技术运用能力，维护网络安全。做到强化信息意识，把对于信息和信息技术的掌握作为员工的考察和任用的重要依据；建立计算机网络的管理机制，把对于风险的防范和处理作为管理中不可缺少的组成部分。为保证信息和网络安全，要采取多种保护措施，提高网络安全可靠性，保证信息通信安全畅通。在技术方面，为防止越权使用，可以使用身份认证技术；为防止信息泄漏，可以使用信息加密存储传输、授权技术；为防止黑客攻击，可以使用防火墙技术、网络防毒技术。在管理方面，建立健全制度，对各项安全要求做出具体规定，形成一套完整的、适应网络环境的安全管理制度，包括人员管理制度、保密制度、跟踪监督制度、数据备份制度、病毒定期清理制度。这是保证网络安全的重要基础工作，是确保信息安全的规范和准则。

二、局域网的特点、构成与应用

计算机网络作为信息技术的基础，是当今世界最为活跃的技术因素。20世纪70年代末出现的计算机局域网，在20世纪80年代获得飞速发展和大范围的使用，20世纪90年代步入更高速的阶段。目前，计算机局域网的使用已相当普遍。

（一）局域网的特点

局域网是一个在局部的地理范围内将各种计算机、外部设备和数据库等连接起来组成的计算机网，在计算机网络中占有非常重要的地位。

局域网是处于同一建筑、同一组织，或方圆几公里地域内的专用网络，允许用户相互通信和共享诸如打印机、绘图机和存储设备等资源，通过公共数据库共享各类信息，向用户提供信息服务。

局域网覆盖范围比较小，投资少，配置简单，通常使用一根电缆连接所有的计算机。由于地理范围较小，局域网通常比广域网的传输速度高，传输质量好，误码率低，具有高可靠性、易扩充和易于管理及安全等多种特性。

局域网一般由专用的传输媒介（如电缆、光缆和无线媒体）构成，通信处理由网卡完成，可与远方的计算中心、数据库或其他局域网相联成为一个大型网络的一部分。局域网被广泛应用于连接企业的个人计算机或工作站，以有利于个人计算机或工作站之间共享资源和数据通信。单一的局域网覆盖的范围小，资源也比较有限，要扩大通信和资源共享范围，就需要将若干个局域网连接成更大的网络，使不同网络的用户能够互相通信、交换信息，共享资源。

（二）局域网的构成

1. 计算机

局域网是一种计算机网络，因而计算机是构成局域网的基本组成部件。属于计算机设备的有服务器、工作站、共享设备等。其中，服务器是网络的核心设备，负责网络资源管理和用户服务，是一台专用的计算机；工作站是指具有独立处理能力的个人计算机；共享设备是指能为众多用户共享的公用设备，如打印机、磁盘机、扫描仪等。

2. 传输媒体

计算机互连在一起，离不开传输媒体。用于连接网上各节点的传输介质分成硬介质和软介质两类。硬介质可以是同轴电缆、双绞线和光导纤维电缆。其中，光纤的传输原理采用了光信号折射原理，具有信号损耗小、频带宽、传输率高和抗电磁干扰能力强等特点。软介质主要采用微波通信、激光通信和红外线通信三种技术。

3. 网络连接设备

网络连接设备有网内连接设备和网间连接设备。网内连接设备包括网卡（又称网络适配器）、终端匹配器、中继器、集线器等。网卡是计算机和计算机之间直接或间接通过传输介质相互通信的接口，提供数据传输的功能，关系用户将来的软件使用效果和物理功能的发挥。终端匹配器主要用于总线型结构的两个端点上，起阻抗匹配的作用。中继器又称转发器，作用是把网络段上的衰减信号加以放大和整形，使之成为标准信号传递到另一个网络段。集线器，又称多口转发器，是一种特殊的中继器，可以作为多个网络电缆段的中间转接设备而将各个网络段连接起来，若网络上某条线路或节点出现故障，不会影响其他节点的正常工作。

网间连接设备包括网桥、路由器、网关等。网桥起着扩充网络的作用，连接两个相同类型的网络，以相同的网络操作系统和通信协议为基础。网桥既有中继器的功能，也有信号收集、缓冲及格式转换的作用。路由器可连接不同类型的网络，既有网桥的功能，也有路径选择功能，多个网络互连后，可自动选择一条传输率较高的路径进行通信。网关也称为协议变换器，主要是转换两种不同软件协议的格式。

4. 网络操作系统

网络操作系统是网络的心脏和灵魂，是网络的主体软件，是向网络计算机提供服务的特殊操作系统，处理网络的请求、分配网络资源、提供用户服务和监控管理网络，使计算机操作系统具有网络操作所需要的能力。

网络操作系统的目的是使网络相关特性最佳，如共享数据文件、软件应用，以及共享硬盘、打印机、调制解调器、扫描仪和传真机等。

网络操作系统从根本上说是一种管理器。管理局域网用户和局域网打印机之间的连接，跟踪每一个可供使用的打印机及每个用户的打印请求，并满足请求；对每个网络设备之间的通信进行管理。网络操作系统的各种安全特性可用来管理每个用户的访问权力，确保关键数据的安全保密，如文件加锁功能，可以跟踪使用中的每个文件，确保一次只能一个用户对其进行编辑。

（三）局域网在人力资源管理中的运用

在人力资源管理过程中，可以利用局域网使人力资源信息上网发布。人力资源部门将有关工作信息和可公开利用的人力资源信息上局域网，用户只要按照有关要求或程序，点击鼠标，就可以查阅所需人力资源、人力资源管理工作方面的信息。

通过局域网上网的人力资源信息主要有：人力资源工作信息，包括人力资源工作动态信息、人力资源政策法规信息、人力资源工作发展规划信息、人力资源培训与考核信息等；机构信息，包括管理机构、业务机构的基本职能、部门设置、例行服务、联系方法等；人才资源信息，包括开发利用有关的数字化目录信息、全文信息、特色图片资料等；人力资源利用服务信息，包括人力资源部门的服务对象、服务方式、服务内容、服务政策。

通过局域网可进行人力资源电子信息利用。利用方式包括阅览、复制、网上咨询、计算机编研等。在人力资源电子文件日益成为主导的趋势下，广泛地使用计算机和通信系统，对大量信息进行收集、积累、整理和分析，丰富信息资源，充分开发人力资源信息，最大限度地为社会服务，迅速、准确地提供一切可能提供的信息为社会进步和经济发展服务。

局域网在人力资源管理中的应用还体现在：人力资源信息目录的管理，对使用频率高的或对外开放的信息目录进行管理，尽可能提高信息检索速度和查准率、查全率；进行文件处理和业务工作，包括收发文件、统计分析与预测、数据积累、文字处理，以及对人事、工资、设备等的管理，节省大量的人力和时间，提高工作效率；进行人力资源信息全文存储与检索，直接对信息全文处理并自动检索全文信息。局域网可以将相关联的人、信息、业务环节连接在一起，构成整体，达到整体大于部分的效果。

三、国际互联网与应用

20 世纪 90 年代以后，随着计算机与通信技术的结合，推动了计算机信息网络的全面发展和普及。由计算机网络形成的世界范围的国际互联网越来越成为社会开发利用信息最有效的手段。目前，在技术进步和应用需求的共同推动下，互联网正以惊人的速度不断发展，对全人类的经济活动和社会生活产生着日益广泛的影响，对人力资源管理活动带来冲击，成为人力资源管理信息化的必要条件。

（一）互联网在我国的发展利用现状

互联网是当今世界最大、最流行的计算机网络，被人们称为全球性、开放性的信息资源网。互联网最早由美国政府建立，它的前身是阿帕网，起源于20世纪60年代连接全美高校计算机的广域网络，1969年由美国国防部高级研究计划局为冷战的目的而开始投入运行，而后，阿帕网扩展成国际互联网。

互联网实际上是由世界范围内众多计算机网络相互联结而成的一个网络集合体，是一个集全球各领域、各机构的信息资源于一体，供上网用户共享的信息资源网，是一个以通信协议连接世界各地各部门的各个计算机网络的数据通信网。由于因特网采用了TCP/IP（传输控制协议/互联协议）通信协议，成为世界上最大的互联网络，已经从最初简单的研究工具演变成为世界范围内个人及机构之间重要的信息交流工具。目前，互联网正在向全世界各大洲延伸扩散，不断增添吸收新的网络成员，已成为唯一能覆盖全球的计算机互联网络。

1986年，中国科学院等一些单位通过长途电话拨号方式进行国际数据库检索，这是我国使用互联网的开始。1994年4月，中国的四大互联网之一的CASNET建立，正式接入互联网，并由世界银行贷款，我国政府配套投资，由中科院主持建设了"中国国家计算机与网络设施"（NCFC），其由科学院网、北大校园网、清华校园网组成。其后，我国启动教委系统的中国教育和科研计算机网，在1995年建立了一个全国网络中心和多个地区网络中心，有近百所大学校园网与之并网。

（二）互联网在人力资源信息开发方面的运用

互联网在人力资源信息开发利用方面具有强大的功能，它在提供丰富的人力资源信息的同时也提供了大量方便的工具，其中最基本的工具有电子邮件（E-mail）、文件传输协议（File Transfer Protocol，FTP）、远程登录（Telnet）等，还可以通过各种工具对网上的各类人力资源信息进行查询。

1. 电子邮件

电子邮件是互联网上目前使用最广泛的工具，也是互联网最主要的用途。用户通过网络传送给特定的用户或一群用户信息，时效强，费用低。电子邮件是一种利用计算机网络进行信息传递的现代化通信手段，其快速、高效、方便、价廉等特点，使人们越来越热衷于它。

电子邮件是从一台计算机上的一个用户向目的地主机的接触用户发送信息的一种方式。邮件大多为文本格式，图形和照片也可以放入邮件中发送，一些邮件还包含声音，甚至视频动画。

电子邮件由邮件标题和消息体组成。标题包括发送者、接收者、日期、主题。发送者和接收者两栏各填写计算机在网上的地址，消息体是填写邮件所要表达的具体内容，另外，邮件后面还可以有附件和签名。

2. 文件传输协议

文件传输协议是一个在远程计算机系统和本地计算机系统之间传输文件的标准。它的工作就是实现用户的计算机和远程计算机的连接，并保证文件能正确、迅速地在用户计算机与文件服务器之间传输。它是在互联网上通过访问远程文件系统，在计算机之间传输文件，包括从远程计算机获取文件，或将文件从本地计算机传送到远程计算机。

网络最早是用于信息资源共享，文件传输成为必不可少的服务。文件传输协议是由互联网的前身阿帕网建立的，它是目前用在因特网上的 TCP/IP 协议组的一部分。文件传输协议是文件传输的标准协议，用它进行文件传输时，两端的计算机类型可以不同。

文件传输协议的基本操作步骤是：第一，与文件传输协议服务器联机；第二，登录对方主机；第三，查找所需文件；第四，定义被传送文件的类型；第五，存取文件；第六，退出对方系统。这六个步骤构成了文件传输协议的全过程。

3. 远程登录

远程登录是指一个地点的用户计算机可以登录到另一个地点的计算机上，成为该计算机的一个终端。这样就可以实时使用远程计算机上对外开放的全部资源，查询数据库、检索资料，或利用远程计算机完成只有大型机甚至巨型机才能完成的工作。

当使用远程登录登录到远程计算机上以后，用户的计算机称为终端，而所登录的计算机则称为主机。有了远程登录，即使远程计算机相距万里之遥，也可以坐在自己的计算机前进行操作，通过键盘直接向远程计算机发送命令，远端计算机接收和执行命令后，再将结果显示在终端计算机屏幕上。

给出远程登录需要链接的网上主机的地址后，就可以使用远程登录。远程登录操作对用户透明，敲入远程登录、空格及远程计算机的互联网地址便可启动，给出远程计算机名字或地址均可，一旦按下回车键，便进行登链连接。

（三）互联网与人力资源电子文件

作为信息高速公路雏形的互联网，是一个国际间的互联网络，连接了几百万台计算机网络主机，具有广泛的开放性，应用日趋普遍和深入。随着互联网的功能迅速地被开发、利用和深化，人力资源电子文件利用的网络化是一种趋势。

当代社会正逐步走向信息时代。信息时代人力资源管理活动的主要特征之一，就是人力资源信息的充分开发和有效利用。现在社会上的信息资源已经非常丰富，各种各样的信息媒体、信息系统、数据库等借助先进的计算机网络技术已经连接成一个有机的整体，为人们获得和利用人力资源信息提供了极大的便利。网络是用通信线路联系起来并共同遵守 TCP/IP 协议的各种局域网和广域网所构成的超级信息网络，是综合性的信息服务阵地。

人力资源部门可利用因特网提供多种人力资源电子文件信息服务，如网络检索、网上培训、法律法规标准公布、专题讨论、人力资源电子文件编研成果与电子文件信息发布等。通过网络，每个用户都可以利用灵活方便的网络信息服务方式，通过基于菜单的信息进行基于关键词的文本检索和基于超文本的多媒体信息浏览等，采集到丰富多彩的人力资源信息。各级各类人力资源部门要在国际互联网上建立人力资源网站或主页，为人力资源信息共享和人力资源信息的更好服务开辟新的渠道。

互联网面向全世界的用户，具有开放性、平等性，是服务范围最广、宣传功能最强的服务方式。其所提供的信息是开放信息，人们可以拷贝、摘抄、下载、编辑网站信息。因此，要控制提供人力资源电子文件信息的范围，对于未满开放期限的或不宜公开的人力资源信息不予上网。

四、数据库与应用

（一）数据库的特点

数据库是在一定的计算机软硬件技术支持下，按照一定方式和结构组织起来的，具有最小冗余度和较高独立性的大量相关数据的集合。数据库是现代人力资源信息开发的主要形式，能以最佳的方式、最大的共享和最少的重复为用户服务，是计算机人力资源信息管理的基本资源。

数据库是按一定规范，将文件题名、责任者、来源、页码、分类号、主题词、摘要等组织在一起的数据集合。数据库记录的各个项目称为字段，用来描述数据的属性，在长度上可以是固定的，也可以是变动的。完整的数据库由若干数据文档组成，是多种记录类型的组合，将具有相同性质的记录进行集合，涉及记录、数据聚合和数据项之间的联系，用来存储与检索有关的所有数据。

数据库中的数据按一定的数据模型组织、描述和存储，具有较高的数据独立性和可扩散性，可供各种用户共享。数据库作为一种新型信息源，其特点如下。

1. 多用性

数据库充分考虑多种应用的需求，从整体观点来组织数据，数据可以共享，内容可靠，存储量大，能够为用户提供尽可能多的检索途径。数据库是计算机检索系统的核心部分，其性能往往影响到整个系统的功能效率。

2. 动态管理性

数据库减少了数据的重复，避免数据的不一致。保障数据的安全性和完整性，多用户操作并行调度，易于使用，有利于扩展，便于扩充修改，更新速度快，而且能根据需要随时进行建库、检索、统计、备份和恢复等多种数据管理。

3. 技术依赖性

数据库的实现是以计算机的高速运算能力和大容量存储能力为基础的，它的发展又与数据库系统开发、管理技术的进步紧密相连。虽然数据库信息源内容新颖、检索效率高，而且不受距离限制，但如果没有发达的信息技术基础，数据库信息源就不可能产生和发展，也不可能得到广泛普及和运用。

4. 使用价值性

数据库是存储在计算机内，有组织、可共享的数据集合，具有文件系统无法比拟的优点。数据库中的数据可以一次输入多次使用，便于计算机处理、数据传输和信息技术的多方面加工利用，冗余性小，利用率高，独立性强，共享性好，提供信息方便、快速和有效，不容易被侵权复制，保密性好，使用价值高。建立数据库的主要目的之一是数据资源共享，通过计算机信息系统为多用户服务。

5. 有机结合性

数据库是存储在某种存储介质上的相关数据有组织的集合，反映数据之间的复杂关系，便于信息的共享。数据库不是简单地将一些数据堆集在一起，而是把一些相互间有一定关系的数据，按一定的结构组织起来的数据集合。例如，单位员工的个人基本信息有编号、姓名、性别、出生日期、婚否、职务、工资、简历，这些信息数据是有密切关联的，描述了每个员工的自然情况。数据库能将描述每个员工的数据按一定方式组织起来，达到方便管理的目的。

（二）建立数据库的功能

随着数据库管理系统技术的不断发展，数据库的存储容量越来越大，检索能力越来越强，开发越来越容易，使用越来越方便。把大量的数据组织成数据库，提高了用户的信息检索效率，有利于实现信息资源共享。

1. 实现真正意义的人力资源信息共享

要实现人力资源管理信息化，首先要开发利用人力资源信息，也就是要建设数据库。数据库是存放人力资源信息的宝库，它作为信息系统资源建设的核心，已成为人力资源信息开发利用的重要标志。建设数据库，促进信息资源开发和利用，是人力资源管理信息化的发展战略。

数据库拥有一定数量的信息，并在一定的范围内提供信息利用，在人力资源管理活动中发挥了重要作用。但是我们应当看到，已建成的数据库不仅数量少，其存储的数据记录量也少，利用率不高。因此，进行人力资源信息网络化建设，开发利用人力资源信息，就必须加快数据库建设步伐。只有网络环境下的人力资源数据才是真正意义的资源共享。要集中统一规划、分类指导，建设实现资源共享的文件计算机网络，突破单机数据库无法共享的局限，按不同数据库的特点进行开发利用。避免数据库之间数据的重复，形成各有特色、内容丰富、实用的各类文件数据库。

在人力资源数据的准备上，既要进行原文信息的存储，做好二次信息加工，还要加强人力资源信息的编研工作，开发出特定专题的人力资源信息编研成果，通过信息的再加工、再创造，提高人力资源信息的价值，使各数据库形成各自特色的专题性数据，为社会提供人力资源信息的服务。

2. 提高人力资源信息利用效率

数据库包含文件、档案、资料等多种类型的数据。无论是建立管理网络，还是建立局域网信息管理系统，都要使用网络环境下的管理软件，实现行文管理、事务管理和业务管理各环节的自动化及文档一体化，共享网络中相关的文件、档案、图书、资料、信息编研成果等多种类型的信息。可以说，在各系统之间实现远程联网所共享的网络资源，将是多种类型的数据，这将进一步提高信息化管理水平，提高信息资源的利用效率。

3. 便于人力资源电子文件信息交流

建立数据库，形成内容丰富、种类齐全、独具特色的数据集合，可充分利用网络的优势，在网络环境下开发利用文件信息资源，在网上进行信息发布与交流。如以制作主页方式通过所在单位的网站发布信息，在网上实现交互信息、计算机检索目录等资源共享，还可加强与其他信息部门及国外同行的协作与交流等，更好地进行人力资源电子文件信息交流，实现信息的共享。

（三）数据库的分类

1. 按所含信息内容的性质分类

数据库按所含信息的性质可分为二次文献数据库、事实数据库和全文数据库。

（1）二次文献数据库，包括各种机读版的文摘、索引、目录等，又称目录数据库。其作用在于指引用户找到合适的文件信息源，也就是文件原文，从而满足其检索要求。文献数据库的开发事实上是一种计算机化的二次文献信息的生产，因而是开发文献的机读目录、题录、索引和文献的生产。

（2）事实数据库，又称文本数据库，是同时包含文本信息和数值信息的数据库，它提供经过加工的信息，利用者可直接从中查找自己所需要的文件信息。

（3）全文数据库，存储机读化的文件全文，供全面检索电子文件信息，可用来检索电子文件原文中的任何字、句、段等。

事实数据库和全文数据库统称源数据库，其特点在于它本身含有一次信息，即用户所要求获取的数值、事实或文本，可直接向用户提供所需的文件信息。源数据库相对于二次文献数据库来说，是在更深层次上对文件信息进行加工的产物。源数据库近年来发展得很快。

2. 按数据模型分类

数据库按数据模型可分为：层次数据库，用树形结构表示各类实体及其相互间联系；网状数据库，用网状结构表示各类实体及其相互间联系；关系数据库，用二维表结构表示各类实体及其相互间联系。

3. 按数据形式分类

数据库按数据形式可分为文字数据库、数值型数据库、图像型数据库等。近年来出现了将文本、数值数据、图像图形、声音结合在一起的多介质数据库，这种数据库不仅能提供静态的文本、数字或表格，还具有声形并茂的特点，是多媒体技术发展的产物。数据库技术与其他学科结合，各种新型数据库不断出现，如分布式数据库、演绎数据库、多媒体数据库。各种类型数据库的不同之处仅仅在于载体形式和使用方式。

（四）数据库系统

数据库系统是合理组织和动态存储有联系的各种数据，并对其进行统一调度、控制和使用的计算机软件和硬件所组成的系统。

数据库系统是储存、管理、处理和维护数据的系统，由数据库、数据库管理员和有关软件组成，对数据库进行集中统一的管理和控制，使数据库能够准确、及时、有效地对数据进行检索和更新操作，保证数据库的安全性和完整性。大、中、小型计算机和微机上运行的数据库系统差别大，其系统的结构和功能也有很大差异。一般来说，数据库系统应具备模式翻译、应用程序编辑、交互式查询、数据组织与存取、事务运行管理、数据库维护等功能。因此，数据库系统的数据集中、冗余减少，一切烦琐的物理存储过程由数据库系统提供的软件完成，用户不必了解数据库文件的存储细节，可以抽象、逻辑地使用数据。

数据库是为满足多个用户的应用需要按一定的数据模型在计算机系统中组织、存储和使用的相互联系的数据集合。数据库系统的建立要进行需求分析，收集基本数据，对数据进行处理和分析，明确用户需求及数据库中各种数据之间的关系，决定数据库的特点和存储数据信息的主要内容，在对信息进行分类、整理等定量化和规范化处理后，将信息完整、准确地存储于计算机中。数据库系统在操作系统控制下对数据库进行建立、使用和维护，接受、分析并解释用户的命令请求，通过相应的处理程序，对数据进行加工，形成结构化的数据，以便人们共享信息。

要对数据的完整性、唯一性、安全性进行有效管理，提供各种简明的管理和控制数据的命令。用户可以通过应用程序向数据库发出查询、检索等操作命令，以获得满足不同需要的信息。

（五）数据库在人力资源管理中的运用

拥有一台计算机、一个调制解调器和适当的软件，就可以进入存储大量人力资源信息的联机数据库。不同的数据库能提供不同的信息，涵盖丰富的信息内容，有的数据库还提供进入其他数据库的服务。

数据库是人力资源管理的基础。对人力资源纸质文件的全文或目录进行计算机管理，离不开数据库。对多媒体人力资源信息进行集中统一管理，更离不开数据库。对人力资源电子信息进行管理，建立电子信息数据库系统，将成为管理的主要环节。总之，数据库在人力资源信息管理中，特别是电子文件归档和电子档案管理中，将会得到广泛应用。

数据库的利用，应有针对性、目的性。一般情况下，根据所选择的数据库，针对信息需求，首先要提供明确具体的关键词，作为搜索信息的基本途径。数据库在接收到关键词以后自动检查其索引，然后选出含有关键词的相关信息，再把定位的信息发送出去。当接收到信息以后就可以对检索到的信息进行鉴别、挑选、整理加工，有目的地进行信息的利用。

人力资源管理者要了解和熟悉各种信息源的使用规则，掌握从人力资源的检索到计算机信息处理软件和网络通信工具软件的使用方法，充分利用数据库，学会根据工作目的收集信息，从丰富多样的信息中选择、分析和鉴别需要的信息，从而激发利用信息的潜能。要高度重视信息资源的开发利用，大力开发各种层次、系统、种类的信息资源，建立数据库，并推动信息资源的共享和利用。

数据库的实现依赖于计算机的超高速运算能力和大容量存储能力。要实现人力资源管理信息化，就要加快数据库建设，建立规模大、容量大、功能齐全、更新速度快的数据库。这些丰富而宝贵的数据库资源，将为人力资源管理信息化奠定广泛而坚实的物质基础，提供可靠的数据保障。要尽快实现数据库资源的联网，为因特网的信息资源增添新的源泉。随着数据库系统进入因特网，以及网络信息检索和共享系统、实时多媒体系统、虚拟系统等的形成和进一步完善，必将带动网络人力资源信息开发、利用和管理进一步发展。

第三节　企业人力资源管理信息化建设的途径

一、人力资源信息的获取

随着全球信息化进程的加快，信息已成为人类经济活动、社会活动的战略资源。人力资源信息是信息家族的重要组成部分，其重要性正日益凸显。只有加强人力资源信息的收集，拥有丰富的人力资源信息，人力资源管理信息化建设才有坚实的基础。

（一）人力资源信息的特征与类别

信息是我们用于适应外部世界，并在使这种适应外部世界所感知的过程中，同外部世界进行交流的内容和名称。信息就是信息，它既不是物质，也不是能量。信息是反映事物的形成、关系和差别的东西，它包含在事物的差异中，而不在事物本身。人力资源信息具有其自身的特征和功能。

1. 人力资源信息的特征

人力资源信息属于信息的一类，是依附于一定载体的人力资源活动的信息集合。它是在人力资源的获取、整合、激励及控制调整过程中所形成的信息。人力资源信息具有信息的一般共性，也具有不同于其他信息的特殊性。分析研究人力资源信息的特征，有助于加深对人力资源信息本质的认识。

（1）共享性。在人类赖以生存和发展的自然界，可以开发利用的材料和能源是有限的，绝大多数是不可共享、不可再生的。相反，信息是无限的、可再生的。人力资源信息具有可共享性，在其交换过程中，不仅不会丧失原有信息，而且可能增值。正是人力资源信息的共享性，使得信息的再利用成为可能，可以根据不同利用者的特定需求开发利用。

（2）时效性。人力资源具有使用过程的时效性，即人力资源的形成与作用效率要受其生命周期的限制。人的劳动能力随着时间的推移而变化。在人的少年时期，人力资源的投资始终存在但不能提供现实的产出；在青壮年时期，人力资源开始产出，并不断增大产出的质与量；到了老年时期，人力资源的产出量又由于人的体力与精力的下降而在总体上有所下降，甚至丧失劳动能力，退出人力资源范围。人力资源存在于人的生命中，它是一种具有生命的资源，它的形成、开发、配置、使用都受时间的限制。人力资源具有的使用过程的时效性使人力资源信息具有时效性。这就要求人力资源部门必须做到适时开发、及时利用、讲究实效，并有效调整人力资源的投入与产出，最大限度地保证人力资源的产出，延长人力资源发挥作用的时间。人力资源信息开发使用的时间不同，所获效益也不同。

（3）社会性。人力资源信息总是与一定的社会环境相联系的，它的形成、配置、开发和使用都是一种社会活动。从本质上讲，人力资源信息是一种社会信息资源，应当归整个社会所有。

（4）可开发性。人力资源是可以多次开发的资源。对一个具体的人来讲，他的知识和能力具有可再生性，在职业生涯结束之前，都是可以持续开发的资源。通过培训、积累、创造等过程，实现人们知识、技能的更新与素质的提升，使人的劳动能力持续不断地发展。人力资源信息若不加以开发利用，处于闲置状态，就会逐渐失去利用价值。应充分使用已有的人力资源信息，创造出效益。

（5）记录内容的广泛性。人力资源信息涉及人力资源管理活动的各个方面，如劳动、工资、保险福利、劳动保护、职工培训等，内容十分广泛。

（6）记录时间的经常性。人力资源管理活动是随时进行的，只要有人力资源活动，就有人力资源信息记录。随着时间的推移，形成的人力资源信息越来越多，内容也越来越丰富。

（7）记录项目的具体性。人力资源信息是对发生的人力资源管理活动的具体事实所进行的直接记载。

2. 人力资源信息的类别

人力资源信息类别划分的标准不同，可以根据人力资源信息的属性和特点，选择特定的标准，将人力资源信息分类，使之形成有机的体系。

（1）按照人力资源管理性质，可以分为以下四类。

①人力资源的工作计划信息。人力资源的工作计划主要指组织内部业务性的人力资源计划，一般包括招聘计划、员工流动计划、员工的培训计划、工资计划等。

②工作分析信息。这是对一项工作进行全面分析的评价过程，或以收集岗位信息确定完成各项工作所需技能、责任和知识的系统工程。由准备、调查、分析和完成阶段组成，进行工作分析形成的信息有各种调查问卷和观察提纲、有关工作特征的各种数据、有关工作人员必备的特征方面的信息、工作说明书、工作

规范等，可以帮助人们明确各项工作之间在技术和管理责任等方面的关系，消除盲点，减少重复，提高效率。只有运用工作分析信息，才能可靠地确定组织中各种工作之间的关系结构。

③工作信息。包括职位头衔、薪金范围、目前空缺的数目、替代的候选人、所需要的资格、流动比率、职业阶梯中的位置。

④员工信息。包括传记性的资料、职业兴趣或目标、专门化的技能、教育、荣誉和奖励、受聘日期、所获得的津贴、组织中的职位、所拥有的执照和证书、薪金历史、薪金信息、绩效评分、出勤资料、所受培训、扣税信息、以前的工作经验、养老年金缴纳、发展需要、个人特点与执行工作的能力。

（2）按照人力资源的信息源，可以分为以下两类。

①动态信息。指直接从个人或实物信息源中发出，且大多尚未用文字符号或代码记录下来的人力资源信息。

②静态信息。是指经过人的编辑加工并用文字符号或代码记录在一定载体上的人力资源信息。

（3）按照人力资源信息获取途径，可以分为以下两类。

①公开信息。指来自大众传播媒介、公共信息服务或其他公开渠道的人力资源信息，其传递和利用范围没有限制。

②非公开信息。指来自非公开渠道，甚至采取了一定保密措施的人力资源信息，其传递和利用范围较小或受到严格限制。

（4）按照对人力资源信息加工的程度，可以分为以下三类。

①一次信息。未经加工的、零散的、不系统的原始人力资源信息。

②二次信息。在一次信息的基础上加工而成的人力资源信息。

③三次信息。在二次信息的基础上经综合分析形成的深层次人力资源信息。

（二）人力资源信息获取的方法

1. 观察法

观察者在工作现场通过感觉器官或利用其他工具，观察员工的实际工作运作，用文字或图表形式记录下来，获取工作信息。"科学管理"的观点就是建立在观察计量的实证基础上。观察法能观察、记录、核实工作负荷及工作条件，观察、记录、分析工作流程及工作内容、特点和方法，以便提出具体的报告。

（1）观察法的特点。

①在日常、自然状态下进行。观察法是在一种日常的、自然状态的情况下进行的调查，在不打扰被调查对象的前提下，对被调查对象的行为进行系统观察和记录。

②能获得真实、生动的信息。直接获得准确性较高的第一手信息资料，能较真实反映事物发展的内在规律。因此，观察的资料比较真实、生动。

③可以借助设备观察。观察一般利用眼睛、耳朵等感觉器官去感知观察对象。由于人的感觉器官具有一定的局限性，观察者往往借助各种现代化的仪器和手段，如照相机、录音机、显微录像机等来辅助观察。可用摄像机记录员工工作过程，用有关仪器测量工作环境中的噪声、光线、湿度、温度等。

④适用于标准化程度高的工作。采用观察法主要是对工作人员的工作过程进行观察，记录工作行为的各方面特点，了解工作中所使用的工具设备，了解工作程序、工作环境和体力消耗。因此，观察法适用于标准化或大部分标准化的、周期短的、以体力活动为主的工作，收集强调人工技能的工作信息。如观察车工的工作，可以帮助工作分析人员确定体力劳动与脑力劳动之间的工作活动关系。而不适于工作周期比较长及以脑力劳动为主的工作，如高层管理者、研究人员或建筑设计师的工作。

⑤通常与访谈法结合使用。观察前可以先进行访谈，这有利于把握观察的大体框架，达成双方相互了解，建立一定的合作关系，使随后的观察能更加自然、顺利地进行。观察过程中可以进行访谈，访谈前最好已经观察积累一定信息，以便通过访谈进一步了解观察中没有获得的工作活动情况。通常情况下是观察后再进行访谈，这样可以集中精力充分观察员工的工作，也减少员工因分散注意力而不按常规操作的可能。

（2）观察法的形式。由于观察的目的不同，可以选用不同的观察法。按观察者是否直接参与被观察者所从事的活动，可分为参与式观察与非参与式观察。在参与式观察中，观察者亲自参与被观察者的工作，与被观察者建立比较密切的关系，在相互接触与直接体验中倾听和观察被观察者的言行，获取有关的信息。

而非参与式观察，不要求观察者直接参与被观察者的工作活动，而是以"旁观者"的身份来了解事物发展的动态。在条件允许的情况下，观察者可以采用录像的方式对现场进行观察。

（3）采用观察法获取信息的要求。观察前必须明确观察的目的和意义，收集有关观察对象的信息，了解工作行为本身的代表性，确定观察对象、时间、地点、内容和方法。观察前应制定详细的观察提纲，简明地列出观察内容、起止时间、观察地点和观察对象，对观察内容进行明确分类。为使用方便还可以制成观察表或卡片。

观察时要做到客观和精确，善于详细记录同观察目的有关的事实，并以此为基础进行整理、分析，概括观察结果，做出结论。为了更精确地研究员工的心理特征，可以利用照相、摄影摄像、录音设备。尽量使观察环境保持平常自然，注意被调查者的隐私权问题。现场观察时不能干扰工作者的正常工作，尽量取得工作者的理解、合作。为了观察到真实而有代表性的目标，还要尽量隐蔽自己的观察行为。

2. 面谈法

面谈法是通过谈话获取人力资源信息的方法。通过面对面的交谈，由工作者讲述工作的内容、特点和要求，用简短的语言说明长期的工作体会和感想，传递信息。

（1）面谈法的特点。

①方法灵活。不受任何限制，没有固定的格式，可以一般地谈，也可以深入详细地谈，它涉及的问题可能很广，也可能较窄；这种方式的问卷或调查表回收率较高且质量易于控制。其缺点是调查成本比较高，调查结果受调查人员业务水平和被调查者回答问题真实性的影响很大。

②对面谈时间、场所有要求。为了收到较好的面谈效果，面谈时间和场所应该精心选择，特别是不能有外人打扰，坚持"一对一"面谈的原则。

③获得信息的真实性需要鉴别。被访谈者在回答问题时，可能有夸大或隐藏事实的情况，甚至会扭曲事实，这就要求对面谈获得的信息进行综合分析和鉴别，选择真正有价值的信息。

④适用于获取较深层次信息。这是工作分析中广泛应用的方法，在不能直接观察、对工作不甚了解或工作耗时太长的情况下采用。

（2）面谈法的主要形式。

①个别访谈。对员工进行的个人访谈。

②群体访谈。对做同种工作的员工群体进行的访谈，通常用于大量员工做相同或相近工作的情况，可以迅速了解工作内容和职责等方面的情况。

③主管人员访谈。对完全了解被分析工作的主管人员进行访谈。

（3）面谈法步骤。

①事先征得员工直接上级的同意，获取直接上级的支持。

②在无人打扰的环境中进行面谈。

③向员工讲解面谈的意义，介绍面谈的大体内容。

④访谈者轻松地开始话题。

⑤鼓励员工真实、客观地回答问题。

⑥职务分析人员按照面谈提纲的顺序，由浅至深地进行提问。

⑦营造轻松的气氛，使员工畅所欲言。

⑧注意把握面谈的内容，防止员工跑题。

⑨在不影响员工谈话的前提下，进行谈话记录。

⑩在面谈结束时，让员工查看并认可谈话记录，面谈记录确认无误后，完成信息收集，向员工致谢。

（4）面谈应注意的问题。

①选好面谈对象。选择对工作最为了解的员工及最有可能对自己所承担工作的任务和职责进行客观描述的工作承担者，选择职工中的典型代表。

②面谈双方建立一种融洽的关系。面谈时应尽快与被访谈者建立起融洽的关系，简要介绍访谈目的，解释访谈对象选择的基本考虑，用通俗的语言交谈，做到尊重人、对人热情、态度诚恳、用语适当，形成一种融洽、轻松的气氛。

③设计一份指导性问卷或提纲。面谈时最好按照具有指导性的问卷或提纲提问，确保获得有价值的信息，确保每一个被访谈对象都有机会回答应该回答的问题，关键问题不遗漏。可以设计一些开放性问题，给被访谈者回答问题留有一定的发挥余地。

④将偶然发生的工作列举出来。完成工作任务的方式不是很有规律的时候，如工作承担者不是在一天的工作中重复相同的工作，应当要求工作的承担者按照任务的重要性和发生频率将它们——列举出来。这样就可以确保了解到那些虽然只是偶然发生但也同样比较重要的工作内容和职责。

⑤注意修正偏差。有时被访谈者会不客观地反映其职位情况，如把一件容易的工作说得很难或把一件难的工作说得比较容易。这就需要将与多个同职者访谈所收集的信息对比加以校正。

⑥谈话要有技巧。面谈时要避免命令式，采取启发式，引导被访谈者讨论关键工作问题，避免发表无关的观点和意见，防止转移面谈的中心话题。

⑦谈话内容重点突出。面谈内容应重点突出，在进行一般情况交流的基础上，深入工作重点、难点，获取更多的细节信息。

3. 问卷法

问卷法是指由人力资源部门根据需要，制定相关的调查问卷，对员工进行调查的一种方法。调查者把标准化问卷发给员工，员工通过填写问卷来描述其工作中所包括的任务、职责、行为、环境特征等。为了了解员工的真实感受，调查问卷可以不署名，但是被调查人的岗位名称等基本材料要填写清楚。

问卷法具有统一、客观、高效的特点，是人力资源信息获取的重要手段之一。

问卷法根据特定的工作、特定的目的来进行问卷设计，对简单体力劳动工作、复杂管理工作均适用，特别是对远距离调查更显其优越性。它既可以测量外显行为，如思想态度、职业兴趣、同情心，也可以测量自我对环境的感受，如欲望的压抑、内心冲突、工作动机等。

问卷法收集信息成本低、用时少、调查面广、数据规范，适合用计算机进行统计分析。获得信息较为客观，被调查者在不受别人干扰的情况下，可以充分考虑，自由地表达意见，比较真实地反映自己的态度和观点。获得的信息全面、有针对性，可在问卷上得到较为满意与可靠的答案。

问卷法使用不当，会影响信息获取的效果。问题含糊不清，不能得到确实的回答；所选调查对象没有很强的代表性，很难真实反映总体情况；问题设计不理想，难以应用统计方法分析和对结果进行科学解释；问卷多为封闭式，不能充分说明被调查者的态度；如果员工的表达能力或理解能力较低，将难以收集到准确的信息。

4. 现场工作日记法

现场工作日记法是让员工用工作日记的方式记录每天的工作活动，作为工作活动信息。员工要将自己在一段时间内的所有活动按照时间顺序以日记的形式系统记录下来，提供非常完整的工作图景，提供其他信息收集方法无法获得的细节信息。现场工作日记法如果与面谈法结合运用，效果会更好，可以了解工作的实际性内容，以及在体力、环境等方面的要求。

5. 功能性工作分析法

以职工所需发挥的功能与应尽的职责为核心，列出需加以收集与分析的信息类别，规定工作分析的内容。工作分析数据有两类：第一，实际工作信息，如工作内容、工作特点；第二，工作承担者信息，如描述工作承担者的特点、要求。其中，工作承担者的特点包括正确地完成工作所必需的培训、能力、个性、身体状况等方面。按上述内容，人力资源工作者可以有针对性地收集信息并加以比较、分类，形成详细的工作说明书与工作规范。

6. 技术会议法

召集管理人员、技术人员举行会议，讨论工作特征与要求。由于管理人员和技术人员对有关工作比较了解，尤其是比较了解工作的技术特征和工艺特征，所以他们的意见对获取有效的工作分析信息至关重要。

为了获取全面、真实、准确、有价值的信息，应从实际出发，根据人力资源信息利用的要求，权衡各种方法的利弊，选择适宜的信息获取方法，拓宽收集信息的渠道，充分利用各种有利条件，多渠道、广泛收集信息。

（三）人力资源信息获取的原则

信息获取是信息得以利用的第一步，也是关键一步。信息获取的好与坏，直接关系到整个信息管理工作的质量。为了保证人力资源信息获取的质量，应坚持以下三个原则。

1. 准确性原则

准确性原则是信息获取工作最基本的要求，即获取到的人力资源信息要真实、可靠。为达到这一要求，信息收集者必须对获取的信息反复核实、不断检验，力求使误差降到最小。

2. 全面性原则

获取到的人力资源信息要广泛、全面、完整。只有广泛、全面地收集信息，才能完整地反映工作活动发展的全貌，为决策的科学性提供可靠依据。

3. 时效性原则

信息的利用价值取决于该信息是否能及时地提供，即它的时效性。人力资源信息只有及时、迅速地提供给使用者才能有效地发挥作用。

二、人力资源信息的整理

人力资源信息建设过程中，既要不断地丰富人力资源信息，也要对获得的信息进行整合，通过整理、加工，人力资源信息系统化、有序化。

人力资源信息整理是将收集到的人力资源信息按照一定的程序和方法进行科学加工，使之系统化、条理化、科学化，从而能够反映人力资源管理总体特征。人力资源信息整理是信息得以利用的关键，既是一种工作过程，又是一种创造性思维活动。

从各种渠道获得的人力资源信息主要是反映人力资源总体活动的原始信息，比较分散、不系统，仅仅反映工作活动的表面现象，不能深刻地说明工作活动的本质，揭示人力资源活动的发展规律，需要进行进一步加工和整理，发挥信息的整体功能。

通过整理，可以发现人力资源信息收集过程中的不足，以便进行补充收集，为今后的信息收集积累经验。由此可见，整理决定了人力资源信息的科学价值，能够更好地发挥信息的真正效用，提高信息利用率。

（一）人力资源信息的筛选

筛选是对信息的再选择，表现为对收集到的大量信息进行鉴别和选择，去粗取精，去伪存真，摒弃虚假和无效的信息，提取真实、有价值的信息。

信息筛选是对各种信息进行比较、选择，淘汰无用或价值不大的信息。选择与人力资源管理密切相关的信息，选择带有导向性的重要信息，选择与工作活动紧密相关的信息。

信息筛选对提高信息的利用率起着至关重要的作用，必须掌握信息筛选的要求。用科学的态度与方法进行筛选。注意挑选对人力资源活动有指导意义、与业务活动密切相关的信息；注意挑选带有倾向性、动向性或突发性的重要信息，分析信息需求，结合中心工作或解决特定问题的需要筛选信息；注意挑选能预见未来发展趋势，为决策提供超前服务的信息；坚持信息数量和质量的统一。

要依据一定标准判断信息的价值。判断标准是：适用性，看所获得的信息是否合乎需要；时效性，看信息是否已过时，过时的信息会大大减少其效用；可靠性，看信息是否真实、全面地反映人力资源管理活动的本质特征；简明性，简明扼要的信息能够抓住问题的实质与关键。

（二）人力资源信息的分类

对收集的人力资源信息要进行归纳分类，根据信息的特征将同一种类的信息集中在一起，方便查找使用，为信息加工打下基础。

1. 分类的程序

人力资源信息的分类过程包括辨类和归类。

（1）辨类。对人力资源信息进行类别的分辨。辨类实际上是对人力资源信息进行主题分析，分辨其所属类别的过程。通过辨类，把有关信息归入分类体系中的相应类目。

（2）归类。人力资源信息经过辨类，要进行归类。归类是从主题分析转换成分类存放，即依据辨类的结果，使人力资源信息在分类体系中各就各位的过程。在归类中，由于信息可能从不同的角度反映和表现不同的主题内容，为了便于有效利用，有必要使用多种检索工具进行多角度揭示。

2. 分类的方法

对人力资源信息进行分类是为了便于存放和查找，提高信息利用的效率。

要根据组织的工作特性，以及信息的相互联系、特点和保存价值，慎重选择适宜的分类方法。

（1）字母分类法。按照字母的排列顺序进行分类的方法，通常是按姓名、单位名称、信息标题等的字母顺序分类组合。按字母排列的规则是，按第一个字母顺序排列前后次序；第一个字母相同则按第二个字母顺序排列，以此类推。第一个字母表示文档在文件柜中存放位置最初的索引，第一个字母以后的字母决定文档的准确位置。字母分类法的特点是，不需要索引卡片，分类规则容易掌握，操作简单，查找比较方便，能与其他分类法结合运用。

（2）数字分类法。指将信息以数码排列，每个人或每一专题给定一个数码，用索引卡标出数码所代表的类别。索引卡按所标类目名称的字母顺序排列，放在索引卡的抽屉里。当要查找信息时，先从索引卡中按字母顺序找出姓名或专题名，得到信息的数码，在相应的文件柜中找出标有该数码的案卷。为了更方便查找，可编制按姓名字母顺序排列的索引，每个姓名对应一个数码。在计算机日益普及的今天，数码分类法越来越受到人们的重视，它简便易行，适于电脑储存。

（3）主题分类法。按信息内容进行分类的方法，主要根据信息标题或主题词分类。主题分类法使相关内容信息材料集中存放，可以方便检索。为了全面、准确地反映主题，便于利用，可以按多级主题分类。信息最重要的主题名称作为首要因素，次要的主题作为第二个因素，依次类推。可用最基本的分类导片标示出各类信息的主题内容，各主题之间根据字母顺序排列。主题分类法的特点是，相关内容信息集中存放，信息能按逻辑顺序排列，方便检索。

（4）时间分类法。按信息形成先后顺序分类的方法，要以年月日的自然顺序排列。如果信息的形成日期相同，则按信息内容的重要程度排列。时间分类法可与其他方法结合运用。时间分类法的特点是，可用作大型信息系统的细分；一个案卷内部的信息可按时间排序。

总之，人力资源信息分类方法很多，不同类型的信息有不同的分类方法，采用何种分类方法，应根据人力资源管理活动的需要确定。

三、人力资源信息的存储

人力资源信息的存储是对整理后的信息进行科学有序的存放、保管，以便使用。其有两层含义：一是将整理加工后的信息，按照一定规则，记录在相应的信息载体上；二是将各种信息载体，按照一定特征和内容性质组成系统有序的、方便检索的集合体。

（一）存储的特性

1. 价值性

人力资源信息内容丰富、数量庞大。选择有使用价值的人力资源信息进行存储，可以减少人力、财力、物力的消耗，提高信息工作质量。

2. 时效性

存储人力资源信息要按其内容确定存储期，对已过期信息要及时进行调整和清理。

3. 科学性

存储人力资源信息要尽可能地采用现代化的手段，逐步淘汰容量小、密度低的存储手段，采用容量大、密度高的现代化存储手段；要对信息进行科学分类存储；在信息管理中，信息存储的方式、分类的体系要便于更新；运用科学的保管方式，防止信息的损坏、失密。

4. 方便性

存储人力资源信息要为检索服务，有利于检索工作的进行。要满足检索方便、输出迅速、使用及时的需要，保证信息存储的系统性和完整性，便于利用。对信息的存放、排列、存放的检索工具的编制，必须考虑使用时的方便。

5. 安全性

人力资源信息是组织的重要资源，存储的信息不能发生丢失和损毁。不仅要注意采用先进的保存技术，而且要做到防潮、防虫、防火、防损，注意计算机信息安全。

（二）存储的程序

信息存储是一个信息不断积累和规范化、科学化的过程，主要由登记、编码、存放排列、保管等工作环节构成。

1. 登记

登记即建立信息的完整记录，系统地反映存储情况，便于查找和利用。

2. 编码

为了便于信息的管理和使用，适应电子计算机处理的要求，对登记储存的信息要进行科学的编码，使之科学化、系列化。信息编码必须标准化、系统化，满足管理的需要和利用者的要求，结构易于理解和掌握，有广泛的适用性，易于扩充。

信息编码的方法有：顺序编码法，按信息发生的先后顺序或规定一个统一的标准编码。可按数字、字母、内容的顺序排列编号。分组编码法，利用十进位阿拉伯数字，按后续数字来区分信息的大、小类，进行单独的编码。

3. 存放排列

存放排列有以下四种方法。

（1）时序排列法。按照接收到信息的时间先后顺序排列，即按信息登记号先后顺序排列。时序排列法简便易行，但分类不清，不便于按照内容查找信息。适用于信息不多、服务对象比较单纯的组织。

（2）来源排列法。按照信息来源的地区或部门，结合时间顺序，依次排列，便于查找信息源。

（3）内容排列法。按信息所反映的内容分类排列，可依据信息分类号码的大小排列。

（4）字顺排列法。按信息的名称字顺排列。

4. 保管

保管是对信息的保护和管理，是对经过整理的信息进行的日常维护、保护性管理工作。信息保管工作的基本任务是：维护信息的实体秩序状态，使信息的存放和使用始终有序，使信息在存放和使用中不受人为或自然因素的损害。保管关系到信息的安全、完整和使用寿命。

信息保管的内容主要包括：合理确定人力资源信息保存时间，做好日常保管，做到防火、防潮、防高温、防虫害、防失密、防泄密，定期或不定期地进行清点，加强维护管理，及时发现和解决存储中的问题，及时更新、不断扩充新的信息。

四、人力资源电子文件信息的积累

（一）电子文件积累的必要性

1. 防止草稿性电子文件的自生自灭

电子文件常常自生自灭，处于可有可无的散乱状态，随着时间的推移逐渐丢失。电子文件的多用途快速检索、传递及同时满足多用户的优势得不到充分体现，造成资源的浪费。而且，在一些草稿性电子文件中，包含着许多重要的修改过程信息，具有参考价值，应列为归档内容进行保存。对工作中形成的草稿性电子文件，应根据文件的重要程度和文件管理水平确定是否保留，以便充分发挥其价值作用。

2. 加强辅助性电子文件管理

组织在信息化建设过程中，仍然将纸质文件作为正式文件，但已开始把电子文件作为辅助性文件使用。既通过网络发送电子文件，提高信息处理效率，又按正常程序发送纸质文件，确保信息的真实性。但是，一旦纸质文件到位，电子文件就常常处于无人管理的状态。这些辅助性电子文件的数量比较大，导致一些组织由于电子计算机系统的存储容量不够，为了接收新的电子文件而清除部分旧电子文件，甚至随意进行电子文件的更改、删除，使其真实性、完整性受到影响。应将辅助性电子文件妥善管理，并与正式文件建立对应的标识关系，以备将来作为数字化信息开展网上利用。

3. 便于电子文件的保管

很多组织把在计算机办公或事务处理系统中形成的电子文件，直接存储在硬盘存储器上，一旦系统出现故障或被病毒感染，就容易造成数据的损失。因此，必须在电子文件生成时，就注意对电子文件的收集，随时备份，并脱机保存于耐久性的载体上。保留电子文件的同时，特别要注意收集电子文件形成的设备环境数据，避免系统被毁导致其生成的电子文件难以读取。

（二）电子文件的积累范围

电子文件的形式有文本文件、图形文件、图像文件等。要按照电子文件收集的有关规定，根据电子文件的特性进行收集。收集对日后工作有参考利用价值的电子文件，以及电子文件的软硬件系统设备材料。对未列入接收归档范围的电子文件，有的也需要收集。因为有时需要针对某方面内容进行补充归档或扩大归档。这就需要了解未列入接收归档范围的电子文件形成、承办情况，及时主动收集。

（三）电子文件的积累过程和方法

使用载体传递的电子文件的收集，应及时按照要求制作电子文件备份，使之保持常新的状态，防止信息丢失。每份电子文件均需在电子文件登记表中进行登记、签署，并将其与电子文件备份一起保存。如已将电子文件登记表制作成电子表格，应与文件备份一同保存，并附纸质打印件。对需要更改处理的，要填写更改单，按更改审批手续进行，并存有备份件，防止出现差错。

在网络上进行的电子文件的收集，由于记录系统设计有自动记录的功能，可以自动记载电子文件的产生、修改、删除、责任者、入数据库时间等相关内容。在进入数据库之间，对记录有文件标识的内容进行鉴定。

第四节　人力资源管理信息化的开发应用

一、信息技术的广泛应用

迄今为止，人类所经历的重大技术革命中，农业革命使人类社会从游牧社会过渡到农业社会，工业革命又使人类社会实现了从农业社会向工业社会的成功跨越，而目前正在进行的信息技术革命日益广泛和深刻地影响着经济增长方式、产业结构、市场结构、就业结构、消费结构乃至人们的生活方式与社会文化的各个方面，把人类社会从工业社会推向信息社会。信息社会最具代表性的特点是信息技术的广泛应用。

计算机技术与现代通信技术一起构成了信息技术的核心内容。通信技术迅猛发展，从传统的电话、电报、收音机、电视，到如今的移动电话、传真、卫星通信，已成为办公自动化的支撑技术。人们利用现代通信方式使数据和信息的传递效率极大提高，使过去必须由专业的电信部门完成的工作，可由行政、业务部门办公室的工作人员直接方便地完成。计算机技术同样取得了飞速发展，体积越来越小，功能越来越强，计算机广泛应用于各个领域。企业管理信息系统的建立促进了企业管理科学化、现代化；计算机文字处理系统的应用使人们改变了原来的工作方式；光盘的使用使人类的信息存储能力得到了很大提升，出现了电子信息；多媒体技术的发展使音乐创作、动画制作等成为普通人可以涉足的领域。

现代信息技术的发展远远超出了人们的想象。以计算机和网络技术为平台，信息技术使人类社会走向信息时代，极大地改变了人类的实践、交往方式，为人类提高自身实践的效率与效益提供了全新的手段。在现代信息技术支持下，世界变成了"地球村"，人们的时空观念、思维模式、工作与生活方式都发生了巨大变化。

现代信息技术的发展使整个世界发生了巨大的变革，也对传统的人力资源管理理念和管理方式产生了巨大的冲击，给人力资源管理带来巨大的变化，使人力资源管理呈现管理对象信息化、工作方式计算机化、服务方式网络化、形成信息多样化等特征。可以预见，社会变革和技术进步必将进一步全方位地改变人力资源工作的面貌，从管理对象到管理范围、管理手段、管理方式、管理体制。

在当今高度发达的信息社会，人力资源管理正面临着空前的机遇与挑战。现代信息技术，特别是计算机和通信技术的发展是推动人力资源管理信息化的必要条件。信息技术在人力资源管理中的应用不仅为人力资源管理活动提供了有效的工具，这些新技术进入人力资源管理领域后，还为人力资源管理增添了新的内容。网络招聘、网络培训、网络测评，为人力资源管理注入了新的活力。

在今天的网络化时代，人们必须认识到人力资源管理网络化的趋势，适应时代的要求，及时改革人力资源管理体制，使计算机和网络成为人力资源管理借助的主要手段，利用网络信息技术为人力资源管理搭建一个标准化、规范化、网络化的工作平台，构成全方位的管理功能，节约管理成本，使管理上一个新的台阶，获得竞争优势的支撑点。

随着社会经济的发展和计算机的普及，信息技术越来越广泛地应用于人力资源管理，人力资源管理正经历着一场深刻的变革，改变传统的人力资源管理模式，构造现代人力资源管理的新体系。

二、计算机辅助测评的应用

计算机辅助测评技术，在人才选拔、人力资源开发与管理等领域，逐渐显示出越来越高的应用价值和广阔前景。

信息化为人格、能力的提升提供了可能，带动了人才测评理论与方法的变革，也促使计算机辅助测评蓬勃发展，测评应用软件、系统仿真软件、个性测评系统不断问世并投入使用。计算机辅助测评的应用价值逐渐被人们认识，并得到了日益广泛的应用。

正确地选择和用人，是在激烈的竞争中取胜的关键。作为一个合格人才，既要精通专业知识，也要具备忠诚敬业、心理健康、责任感、管理能力、协调能力、创新能力等一系列综合素质。这就要求人力资源部门用现代人才观和科学的方式甄选人才，不再局限于通过传统的面试、面谈、翻阅档案等方式，凭主观和经验判断评价人才，而是利用心理学和行为学的科学成果，运用计算机技术，对人才进行测评，达到客观、真实、有效地甄选人才的目的。

可以通过计算机辅助测评，为人才预测与规划、培养与使用、配置与管理提供依据。

进行计算机辅助测评要选好测评对象，根据测评人员或单位情况及其要求，确定测评项目和方法。在组织实施测评的过程中，对于测试要求简单的测评，依据测评的名称、所定制的试题、参加测评的具体人数、测评的开始时间和结束时间，开通测评项目，进行人机对话的测试。对于较为复杂的测评，简单的人机对话式的测试不能满足测评要求，需要进行情景模拟测试，还需要有专门人员对被测评者进行操作上的指导。测试完成，要对测评结果进行分析评价，并出具评价报告书。测试报告的基本内容有：测评机构和测评说明；被试者的个人信息，包括编号、姓名、性别、年龄、教育程度、岗位、职务等；测评项目，多个测评项目需要按顺序排列；测评结果展示；书面的测验结果分析；总评；专家复核意见；报告撰写人和复核人及日期。随着人才测评工作的不断深入，计算机辅助测评技术作为一种人才识别和评价的科学手段，以其定量测试与定性分析相结合的显著特点，在人才选拔招聘中越来越被人们重视。

随着信息化的发展，人才测评工作必将接受信息技术的改造，逐渐向计算机辅助测评过渡。计算机辅助测评有着新的特点和应用，其主要优势体现如下。

（1）经济性。计算机辅助测评集小组讨论、公文处理、结构化面试等测评方法于一体，具有强大的数据处理和情景模拟能力，模拟现实中的诸多测评方法，使测评能够随时随地大规模进行，节省大量人力、物力、财力、时间，降低了测评的经济成本。

（2）简易性。计算机辅助测评可以将复杂的测评要素、项目经过科学提炼、归纳，使之简单化、科学化，更容易操作和评价，实现测评设计的复杂性与测评结果的简洁性的统一。

（3）科学性。计算机辅助测评获得的大量数据，用统一的数据库进行管理，为不断提高测评的信度和效度，提供强有力的数据支撑。网上测评能够随时检测信度和效度，确保测评数据的科学性与准确性，克服主观因素的影响。使测评结果真实可靠，提高测评和分析的质量。

（4）实效性。计算机辅助测评能够在人机互动中实现测评。既可以集测评与评价于一体，在测评之后直接呈现测评结果，也可以实现测评与评价的分离，将测评结果交予专家进行点评，保证测评结果的合理运用。

（5）客观性。计算机辅助测评能够事先充分考虑人为因素的干扰，采取技术手段予以屏蔽和排除，最大限度地做到过程客观、程序公平，反映受测者的真实状态，克服人为因素的干扰，体现人才测评的科学性。

（6）时代性。计算机辅助测评适应了信息时代测评发展的要求。信息化社会呼唤着测评方法、内容、形式的新发展，现代的人才测评需要适应各种变化，就必须注重测评的动态性、便捷性、连续性等。而这些新要求是一般测评方法难以实现的。计算机辅助测评的发展，为解决测评中出现的问题提供了方案。计算机辅助测评具有操作简捷、智能化程度高、测评报告图文并茂、实用性强、无须配备专业人员的特点。特别是计算机辅助测评的交互性、人机界面的日渐人性化、计算机数据处理及仿真模拟能力的日益强大，使测评不断获得新的内涵与形式。

计算机辅助测评是对一般测评方法进行了顺应时代的改造，是诸多人才测评方法在计算机上的再现，它实现了对一般人才测评方法的综合，并为之提供更广阔的舞台。

在信息化的带动下，建立在坚实的管理和成熟的系统配置基础上，信息技术已经广泛应用于人力资源管理的诸多环节。

三、信息技术在信息管理中的应用

随着信息技术在人力资源管理中的应用，产生了大量的人力资源电子信息，已经形成的纸质文件信息有的也转化为数字化信息，形成了丰富的人力资源信息库。

人力资源信息库是企业的资源，其提供的信息是正确决策和科学管理的依据。要根据电子信息的特性和管理原则建立信息库，将相关联的信息集合在一起，提供系统、有序的信息供管理者和员工参考。一般来说，人力资源信息库主要有：员工基本信息，包括员工姓名性别、员工代号、员工身份证号码、工作单位、职务名称、教育程度、录用日期、专业领域等；待遇信息，包括工资、工资级别、待遇来源、奖金给予等；出勤信息，包括缺席次数、时间、出勤奖金等；工作信息，包括工作类型、工作量等；医疗信息，包括病历、住院等；退休信息，包括退休日期、服务年资、退休指数等；保险信息，包括健康、人寿、工伤等；离职信息，包括离职日期、原因；特殊项目信息，这个项目通常储存叙述性的文字，对员工的状况有更清楚的记载。

目前，一些企业建立了内部计算机网络，还有的企业建立了人力资源信息联网系统，用联网计算机存储和处理人力资源信息。管理者和员工可以借助计算机查询有关的规章和政策，查找工资、福利和退休计划。在职务晋升、工资增长、职业教育等方面充分利用信息，为各项工作活动服务，为员工职业发展提供依据。

总之，计算机在人力资源管理中的应用，减少了人力资源管理部门的冗员、成本和工作量，减少了人力资源部门的非增值性的活动，使人力资源部门可以集中精力做好人力资源的管理和开发利用工作。

参考文献

[1] 邓艺琳. 劳动经济学原理与人力资源管理研究 [M]. 哈尔滨：北方文艺出版社，2021.

[2] 傅航. 基于创新视角下人力资源管理的多维探索 [M]. 北京：北京工业大学出版社，2020.

[3] 焦艳芳. 人力资源管理理论研究与大数据应用 [M]. 北京：北京工业大学出版社，2022.

[4] 郎虎. 人力资源管理与行政工作 [M]. 长春：吉林人民出版社，2021.

[5] 李佳明，钟鸣. 21 世纪人力资源管理转型升级与实践创新研究 [M]. 太原：山西经济出版社，2020.

[6] 李娟. 人力资源服务产业与企业管理 [M]. 长春：吉林出版集团有限责任公司，2021.

[7] 李少华. 人力资源管理的理论与实践应用 [M]. 哈尔滨：哈尔滨出版社，2023.

[8] 李修伟. 企业战略管理视角下的人力资源管理探究 [M]. 长春：吉林人民出版社，2021.

[9] 梁金如. 人力资源优化管理与创新研究 [M]. 北京：北京工业大学出版社，2022.

[10] 刘大伟，王海平. 高质量发展视域下企业人力资源管理伦理研究 [M]. 武汉：华中科技大学出版社，2022.

[11] 刘敬涛，叶明国. 企业管理与人力资源战略研究 [M]. 北京：中国原子能出版社，2022.

[12] 祁红梅，田莉莉，林健．人力资源管理风险规避研究 [M].长春：吉林人民出版社，2021.

[13] 钱玉竺．现代企业人力资源管理理论与创新发展研究 [M].广州：广东人民出版社，2022.

[14] 任广新．人力资源优化管理研究 [M].北京：北京工业大学出版社，2021.

[15] 尚大庆．现代人力资源管理与企业运营研究 [M].长春：吉林大学出版社，2020.

[16] 邵丹萍．社会责任型人力资源管理理论和实践研究 [M].北京：九州出版社，2022.

[17] 苏永强．人力资源管理战略与效能研究 [M].北京：北京工业大学出版社，2022.

[18] 王君萍．现代企业人力资源管理实操教程 [M].上海：同济大学出版社，2022.

[19] 王周火．民营企业人力资源管理研究 [M].长春：东北师范大学出版社，2020.

[20] 肖丽娜．中小企业人力资源管理实践研究 [M].北京：中国原子能出版社，2023.

[21] 闫志宏，朱壮文，李贵鹏．人力资源管理与企业建设 [M].长春：吉林科学技术出版社，2020.

[22] 杨园．当代人力资源管理创新实践研究 [M].北京：北京工业大学出版社，2023.

[23] 张景亮．新时代背景下企业人力资源管理研究 [M].长春：吉林科学技术出版社，2020.

[24] 张岚，王天阳，王清绪．企业高绩效人力资源管理研究 [M].长春：吉林文史出版社，2022.